Dialogische Führung

Als *Dialogische Führung* wird eine Unternehmenskultur bezeichnet, in der die Mitarbeiter zunehmend aus eigener Einsicht und in eigener Verantwortung handeln. Auf diese Weise werden Firmen innovativ, zukunftsgerichtet und effektiv.

Karl-Martin Dietz und *Thomas Kracht* fundieren diese Kultur konzeptionell. Sie beschreiben die inneren und äußeren Voraussetzungen, die für eine solche Führungskultur notwendig sind. Am Beispiel des Unternehmens *dm-drogerie markt* geben sie zudem Einblick in die Praxis einer dialogischen Unternehmenskultur.

Dr. Karl-Martin Dietz, Jahrgang 1945, und *Dr. Thomas Kracht*, Jahrgang 1951, gründeten im Jahr 1978 das Friedrich von Hardenberg Institut für Kulturwissenschaften in Heidelberg, in dessen Rahmen die vorliegende Studie entstanden ist.

Karl-Martin Dietz, Thomas Kracht

Dialogische Führung

Grundlagen – Praxis –
Fallbeispiel: *dm-drogerie markt*

Campus Verlag
Frankfurt/New York

Die Deutsche Bibliothek – CIP-Einheitsaufnahme

Ein Titeldatensatz für diese Publikation ist bei
Der Deutschen Bibliothek erhältlich.
ISBN 3-593-37170-7

Copyright © 2002 Campus Verlag GmbH, Frankfurt/Main
Umschlaggestaltung: Init, Bielefeld
Satz: TypoForum GmbH, Nassau
Druck und Bindung: Druckhaus »Thomas Müntzer«, Bad Langensalza
Gedruckt auf säurefreiem und chlorfrei gebleichtem Papier.
Printed in Germany

Besuchen Sie uns im Internet: www.campus.de

Inhalt

Kann, so fragen Sie
lachend, der Leiter eines
großen technischen
Unternehmens dialogische
Verantwortung üben?
Er kann es.

Martin Buber

Geleitwort

Der Erfolg eines Unternehmens steht heute mehr denn je in Zusammenhang mit seiner Führungskultur. Diese Einsicht leitet unser Handeln bei *dm-drogerie markt* seit langem. Was im Rückblick wie ein konsequent durchgeführter Plan anmuten mag, besteht in Wirklichkeit aus einer Fülle einzelner Wahrnehmungen und Überlegungen. Ob neue Erfahrungen das Bewusstsein auf neue Entwicklungen und Möglichkeiten lenken, ist eine Frage individueller Wachheit. Wenn solche Wachheit von möglichst vielen Mitarbeitern geleistet wird, ist das die Frucht einer entsprechenden Unternehmenskultur. Führung heißt in erster Linie: Bewusstsein wecken mit dem Ziel, möglichst viele Mitarbeiter in eine unternehmerische Disposition zu bringen.

Ich werde immer wieder gefragt, inwiefern die Anthroposophie Rudolf Steiners für mich bei der Führung meines Unternehmens eine Rolle spiele. Meine Antwort: Eben dieses zunehmende Wachwerden für andere Menschen, für gesellschaftliche Verhältnisse und für neue Situationen ist die Frucht anthroposophischer Bemühung; darüber hinaus ein Sinn für Entwicklung und Zukunftsgestaltung. Das alles unterliegt dem individuellen Zugriff jedes Einzelnen und bietet so zugleich die Gewähr für größtmögliche Vielfalt.

Bei diesen Bemühungen begleiten uns seit 1993 Karl-Martin Dietz und Thomas Kracht vom Hardenberg Institut in Heidelberg durch Beratung, Workshops und regelmäßige Seminare. So ist es auch von unserer Seite willkommen, dass dieses Buch das dialogische Element der Unternehmenskultur herausarbeitet. Damit ist zugleich die Hoffnung verbunden, dass dialogische Führung über unser Unternehmen hinaus wirksam werden kann.

Karlsruhe, im März 2002
Götz W. Werner
Geschäftsführender Gesellschafter
dm-drogerie markt

Vorwort

Dieses Buch gibt einen praxisbezogenen Abriss dessen, was wir als »dialogische Führung« entwickeln. Dialogische Führung hat zum Ziel, eine Unternehmenskultur herauszubilden, in der möglichst viele Mitarbeiter möglichst eigenständig zum Gelingen des Ganzen beitragen. Das macht ein Unternehmen einerseits innovativ und zukunftsgerichtet, andererseits effektiv. Es ist aber nur die Folge der Bemühung, den einzelnen Menschen wirklich ernst zu nehmen. Der Mitarbeiter gewinnt ein ganz anderes Verhältnis zu seinem Unternehmen und zu seiner Arbeit, als dies in traditionellen Führungsverhältnissen möglich ist: Er kann zunehmend aus eigener Einsicht und Entscheidung handeln.

Um eine solche Unternehmenskultur zu entwickeln, gibt es äußere und innere Voraussetzungen. Sie werden im Buch ausführlich beschrieben, einschließlich der kritischen Grenzen, an die der Versuch gelegentlich stößt.

Die Entwicklung und Herausarbeitung der Voraussetzungen geschehen selbst wieder in einem dialogischen Prozess. Ursprünglich von Karl-Martin Dietz entworfen,[1] wurden die Gedanken über Grundlagen dialogischer Führung im kritischen Dialog mit Thomas Kracht ebenso wie mit vielen Gesprächspartnern in Beratungsgesprächen und Seminaren vertieft, ergänzt, korrigiert und weiterentwickelt. So entstand auch der erste Entwurf zu diesem Buch bei einem Seminar mit einer Gruppe von Mitarbeitern des Unternehmens *dm-drogerie markt* (Karlsruhe), die wir seit einiger Zeit in ihrer Arbeit begleiteten. Sie stellten sich Fragen aus der Praxis ihrer Unternehmenskultur: Wie verträgt sich unsere dialogische Kultur mit der Hierarchie im Unternehmen? Wie ist es mit der Verantwortung, mit dem Vertrauen, den Konsequenzen bei Misserfolgen und so weiter?

Solche Fragen werden uns immer wieder gestellt. Es ist aber ein großer Unterschied, ob es sich dabei um prinzipielle Bedenken *vor* der Praxis handelt oder um Fragen, die *aus* der Praxis entstehen. Bei letzteren geht es um Selbstorientierung der Mitarbeiter, die in einem Prozess engagiert sind und sich vergewissern wollen, wie weit sie dabei gekommen sind und welche Schritte als nächstes zu gehen sind. Die Selbstorientierung und Herausarbeitung der Idee, des Ziels gehört zur Entwicklung einer dialogischen Kultur. Diese kann nicht als Masterplan eingeführt und durchgesetzt werden, sie entwickelt sich je nach Gelegenheit durch konkrete Entscheidungen der einzelnen Mitarbeiter. Und auf diesem Weg entwickelt und vertieft sich auch ihr Verständnis. Mit dem Buch möchten wir über den Entstehungsanlass des konkreten Projektes hinaus die grundlegende Idee einer dialogischen Führung darstellen. Aber der Bezug zu einer bestehenden Unternehmenskultur »in progress« bleibt bestehen. Gerade denen, die allgemein nach dieser Idee und ihrer Realisierbarkeit fragen, mag dieser Rekurs auf Erfahrungen in der Praxis als Anregung dienen.

Heidelberg, im März 2002
Karl-Martin Dietz, Thomas Kracht

Einleitung: Worum es geht

> Man gibt immer den Verhältnissen
> die Schuld für das, was man ist.
> Ich glaube nicht an die Verhältnisse.
> Diejenigen, die in der Welt voran-
> kommen, gehen hin und suchen sich
> die Verhältnisse, die sie wollen,
> und wenn sie sie nicht finden
> können, schaffen sie sie selbst.
>
> *George Bernard Shaw*

Herausforderung Individualität

Der einzelne Mensch macht immer mehr sein Recht geltend: Er will eigenverantwortlich denken und handeln, er will als *Individuum* ernst genommen werden. Neben der Bewältigung zunehmender System-zwänge durch technische und organisatorische Innovationen, durch Globalisierung und anderes ist dies die wichtigste Herausforderung für die Führung in der Gegenwart.

Längst sind alte Selbstverständlichkeiten ins Wanken geraten. Tradi-tionelle Vorgaben greifen ebenso wenig wie die »Pflicht«. Auch der »Mythos Motivation« hat ausgedient. – Was tritt an diese Stelle? Bei den Versuchen, auf diese Situation mit »Empowerment« zu antworten, wird jetzt auf »intrinsische Motivation« gesetzt. Doch dabei beißt sich die Katze in den Schwanz: Wenn es wahr ist, dass sich heute nur jeder selbst motivieren kann, muss der Versuch, diesen Prozess zu manipulie-ren, auf einen Widerspruch hinauslaufen! Hinter den Konzepten einer »sanften« oder »verdeckten« Führung steht nur die altbekannte Klug-heitsmoral, die nichts anderes ist als der sanfte oder verdeckte Egois-mus: Ich muss die Gans gut füttern, die ich schlachten will. Das erinnert an einen bekannten DDR-Witz: Kapitalismus – das ist die Ausbeutung des Menschen durch den Menschen. Und wie ist es im Sozialismus? Da ist es genau umgekehrt!

Es geht bei alledem nicht darum, die Augen vor der alltäglichen Notwendigkeit zu verschließen, sich in Illusionen zu wiegen oder die Härten des Geschäfts mit schmückendem Beiwerk verträglicher zu machen, mit »Humanisierung am Arbeitsplatz« oder Ähnlichem. Es geht zunächst einmal darum, sich der Realität dessen zu stellen, was einem in dem einzelnen Menschen begegnet.

Die erste Frage, die sich der Führung heute stellt, lautet somit: *Wie kann eine Führung aussehen, die wirklich mit der Individualität des Menschen rechnet?* (Es ist kein Einwand dagegen, wenn behauptet wird, diese Selbstständigkeit sei aber bei den meisten noch ein sehr zartes Pflänzchen. Um so wichtiger ist es nämlich, dass man dieses nicht übersieht – es könnte sonst leicht zertrampelt werden. Auch nur der Wunsch nach Selbstständigkeit ist bereits eine Realität, die beachtet werden muss. In ihm liegt der Keim, der sich entwickeln kann, wenn er die richtigen Wachstumsbedingungen findet.)

Eine zweite Frage gehört dazu. Alle Entwicklung geschieht durch neue Ideen. Die Grundlage des ökonomischen Wettbewerbs ist der *freie Wettbewerb* der Ideen. Das passt nicht zur starren Hierarchie alten Stils. So lautet die zweite Frage an die Führung: *Wie können wir so miteinander umgehen, dass sich jeweils die beste Idee durchsetzen kann?*

Mit diesen Fragen steht der einzelne Mensch im Mittelpunkt: Mit Menschen umgehen heißt, sie als Individuen ernst nehmen zu lernen, die ihre Ziele und Entwicklungen selbst setzen und in Angriff nehmen wollen. Es muss also darum gehen, sich fähig zu machen, andere zu verstehen und sich so zu verhalten, dass diese sich selbst äußern und tätig werden können. Nicht die Zukunft zu verplanen, sondern Gelegenheiten zur freien Äußerung, Tätigkeit und Selbstentwicklung zu geben, heißt hier die Herausforderung.

Wenn aber nun jeder macht, was er will, dann haben wir bald kein Unternehmen mehr! Wie können einzelne Entscheider zusammen arbeiten? Wie kommen sie zu ökonomisch sinnvollem Handeln? Wie bleibt das gemeinsame Ganze im Blick? Wer diese Einwände macht, bemerkt, wie das Umdenken in der Führung *Vertrauen in den Menschen* voraussetzt, und zwar in einem doppelten Sinne: Ich kann dem einzelnen Menschen nicht wirklich vertrauen, wenn ich »dem Menschen« prinzipiell nichts zutraue – und umgekehrt.

Wer führen will, muss von den Menschen mehr erwarten können, als der Augenblick offenbart. Vertrauen ist zunächst eine Vorschussleistung. Wir sagen deshalb sogar richtiger, dass wir Vertrauen *schenken*. Was aus diesem Geschenk wird, muss das weitere Leben entscheiden: Wird es wachsen oder verkümmern, gar in sein Gegenteil, in Misstrauen umschlagen? Auch die Machtfrage, oft diskret verschwiegen, stellt sich hier. Wer andere entscheiden lässt, hat sie auf seine eigenen Kosten ermächtigt. In diesem Punkt kann sich jeder selbst auf Lippenbekenntnisse prüfen: Wer andere sich selbst bestimmen lässt, kann den Erfolg ihrer Handlungen nur erwarten. Festlegen und herbeizwingen kann er ihn nicht. Das *Ernstnehmen der Selbstbestimmung* des anderen und dieses *Erwarten-Können* sind wichtige Voraussetzungen einer modernen Führung.

Ziele einer dialogischen Führung

Führung, die mit selbstständigen Menschen rechnet, wird sich Ziele setzen, die den Zielen der einzelnen Menschen nicht widersprechen, sondern sie fördern. Der andere wird nicht einfach verplant und behandelt, sondern als individuelles Gegenüber, als Du wahrgenommen und für das Handeln berücksichtigt. Damit rückt das Gespräch in den Mittelpunkt. Führungs-»Maßnahmen« am Gespräch vorbei wird es in einem solchen Milieu immer weniger geben. Im Gespräch begegnen sich selbstbestimmte Individuen, wenn es seinen Namen wirklich verdienen soll. Denn was ist das Gespräch, der Dialog anderes als eine Form der Kommunikation, die es den Teilnehmern ermöglicht, Selbstbewusstsein zu entwickeln und selbstbewusst handeln zu können? Führung nimmt einen dialogischen Charakter an. Einige Ziele einer solchen Führung seien hier zunächst in der Form von Behauptungen vorangestellt. Wer den dritten Teil dieses Buches liest, wird sie in den »Dialogischen Haltungen« näher erläutert finden. Sie haben mit herkömmlichen Führungszielen wenig gemein.

1. *Jeder einzelne Mitarbeiter entwickelt ein eigenständiges Verhältnis zur Wirklichkeit des Unternehmens und zu seinem Arbeitsbereich.*
Das bedeutet, dass aus der Vorgesetztenorientierung (ich mache das, weil der Chef es so will) eine auf Eigenständigkeit beruhende Orientierung wird (ich tue das, weil es sinnvoll oder nötig ist). Wichtigste Führungsaufgabe ist es daher, sich selbst und die anderen in eine Disposition zu bringen, die dieses eigenständige Verhältnis zur Wirklichkeit ermöglicht. Dialogische Führung ist damit zugleich ein Weg von der Fremd- zur Selbstbestimmung. Ihr Ziel ist: Jeder gestaltet und verantwortet seine Arbeit selbst. Die einzelnen Handlungen erfolgen nicht aufgrund irgendeines Druckes durch Vorgesetzte, sondern der gemeinsame Blick auf die Wirklichkeit eröffnet das Feld, auf dem individuelle Handlungen gefragt sind.

2. *Der einzelne Mitarbeiter wird als individueller Mensch – und nicht nur in seiner Rolle oder Funktion – ernst genommen.*
Eigenständigkeit ist nur möglich, wenn der Einzelne mit allen Hintergründen, Ursachen und Konsequenzen versteht, was im Unternehmen vorgeht, und was er selbst tut. Daraus folgt zum Beispiel auch, dass dialogische Führungskultur nicht als System eingeführt werden kann (»gilt ab 1. Januar 2003«), sondern dass sie des Willenszugriffs der Einzelnen bedarf. Führung heißt in dieser Hinsicht, Bewußtseinsleistung zu ermöglichen, die eigenständige Einsicht und eigenständigen Zugriff zur Folge hat. Sie ist zugleich Anregung und Ausbildung dazu, nicht nur einzelne Probleme zu lösen, sondern überhaupt Situationen der Unsicherheit selbstständig zu bewältigen, das heißt: Problemlösungsstrategien zu entwickeln.

3. *Dialogische Führung ist in erster Linie Selbstführung.*
Sie geht davon aus, dass der Einzelne sich selbst verwandeln will, und dass sich dadurch neue Verhältnisse in der Zusammenarbeit einstellen. Indem ich mich selbst verändere, verändert sich auch die Zusammenarbeit – und nicht: damit sich die Zusammenarbeit verändert, muss der Einzelne dies oder jenes mit sich machen. Führung als Selbstführung bedeutet, die Mitarbeiter zu dieser Selbstführung zu ermutigen und sie ihnen zu ermöglichen. Leisten muss sie jeder selbst.

4. *Dialogische Führung bewirkt einen Ideen- und Handlungsfluss, der sich in die Zukunft bewegt.*
Die Beiträge der Einzelnen optimieren sich, wenn sie nicht ständig mit Felsen zu kämpfen haben, die in den Fluss hineingeworfen werden. Dialogische Führung regt den gemeinsamen Blick in die Zukunft an. Kontrolle als Führungsinstrument wird allmählich abgelöst durch die Selbstkontrolle der Beteiligten. Aus dem Vorgesetzten wird mehr und mehr ein Berater. Und die Beratung wird eher von den Betroffenen selbst angefordert, als dass sie ihnen »aufgedrängt« würde. Die Mitarbeiter suchen die Spiegelung durch den »Vorgesetzten«, weil dadurch ihre Eigenständigkeit an Sicherheit gewinnt.

5. *Dialogische Führung ist ein geeignetes Mittel, um zwischen dem Erfahrungsgefängnis (»Wir haben das immer so gemacht«) und der luftigen Unsicherheit des Ungewohnten ein Gleichgewicht herzustellen.*
Unternehmen existieren dadurch, dass sie innovativ bleiben. Wo kommen die Innovationen her? Wie werden sie gefördert? Wo haben sie ihre Verankerung in der bestehenden Wirklichkeit?

Ziel der dialogischen Führung ist es, durch Vertrauen in die Kraft des Einzelnen das als unversöhnlich Geltende in Einklang zu bringen: die Persönlichkeit der Mitarbeiter und ihre persönliche Entwicklungsfähigkeit einerseits, die Unternehmensziele und deren gemeinsame Entwicklung andererseits; individuelle Ideenfähigkeit und Tatkraft zum einen, das Wohl des Ganzen zum anderen.

Der Grund, weshalb dies alles im Folgenden näher beschrieben werden wird, ist ein doppelter. Wie schon erwähnt, deuten immer mehr Zeichen darauf hin, dass die alten Führungsformen nicht länger greifen – ein aufrüttelndes Anzeichen dafür, dass sich die Realität ändert: Der Einzelne will wirklich (und nicht nur zum Schein) als solcher wahrgenommen werden. Zum anderen hat sich bereits in jahrelanger Unternehmenspraxis gezeigt, dass dialogische Führung keine Utopie ist.

Das Bild vom unfreien Menschen in der Wirtschaft

Dialogische Führung in dem skizzierten Sinne will der veränderten Realität ins Auge sehen: den Einzelnen als Einzelnen ernst nehmen. Dabei darf eine Schwierigkeit nicht unterschätzt werden. Wer nämlich diesen Versuch unternimmt, muss sich selbst zuerst von Vorurteilen befreien, die seine Praxis bestimmen. Die Vorurteile sind um so wirksamer, je weniger sie bemerkt werden. Es sind noch immer die überkommenen Menschenbilder der Vergangenheit, die den Blick auf die Realität verstellen und damit den Weg in die Zukunft blockieren. Beherrschend in der Praxis ist das Bild vom vollständig determinierten Menschen. Der Mensch gilt als festgelegt auf Reaktionsweisen, Triebe, Verhaltensmuster und Denkformen in verschiedener Hinsicht: genetisch, durch seine Triebstruktur, seine frühkindlichen Prägungen oder durch gesellschaftliche Einflüsse. Wer das alles verinnerlicht hat, fühlt sich leiblich, seelisch und geistig gebunden. Er muss sich sagen:

1. Ich bin konditionierbar. Lernen ist konditionieren. Veränderungen am Selbst des Menschen geschehen durch Außenanwendung didaktischer Maßnahmen.

2. Ich bin Subjekt. Dieses kann den Zusammenhang mit einer so genannten »Wirklichkeit« nicht finden – falls es eine solche überhaupt gibt. Intersubjektivität ist das höchste, was wir im Erkennen erreichen können.

3. Ich bin als Einzelner vereinzelt. Mir steht die Gemeinschaft gegenüber. Ich kann mich der Gemeinschaft unterordnen oder sie zu bestimmen versuchen. Eine andere Möglichkeit bleibt mir nicht.

4. Ich bin meinem Wesen nach genetisch bestimmt, ein Produkt der Evolution. Irgendein eigenständiger Zugriff auf mich selbst ist mir deshalb verwehrt.

Wie sehr heute in der Wirtschaft nach diesen Anschauungen tatsächlich gehandelt wird, mag durch zwei Beispiele erläutert werden. Das erste betrifft den Umgang mit den Kunden, das zweite den mit Mitarbeitern.

Ein renommiertes Handbuch über »Konsumentenverhalten« legt folgendes Menschenbild zugrunde: »Unter der Ideologie vom souveränen und vernünftigen Menschen vergessen wir leicht unsere tierische Abstammung. Wir übersehen gern, dass Teile unseres Zentralnervensystems noch aus dieser tierischen Vergangenheit stammen und unser Verhalten bestimmen. [...] Wir sollten uns zu diesen tierischen Verhaltensweisen bekennen und sie nicht durch Spekulationen über unsere menschliche Freiheit und Unabhängigkeit übertünchen. Wir sollten uns nicht schämen, alle noch etwas Tier (sprich: ›Konsumäffchen‹) zu sein.«[2] Der Konsument als Äffchen – dann muss der Verkäufer nur auf dem Klavier von dessen Triebstruktur spielen. Und das geschieht ja üblicherweise.

Wer sich zu einem solchen Menschenbild bekennt, wird der dialogischen Führung der Mitarbeiter eher mit Argwohn begegnen. Der *homo oeconomicus* in seiner Nutzenorientierung und rationalen Berechenbarkeit erfordert entsprechende Führungsmaßnahmen. Kai H. Matthiesen fasst das Menschenbild des auf Frederick W. Taylor zurückgehenden Scientific Management in zehn Thesen zusammen. Einige davon sind diese: (2) »Der Mensch ist im Grunde egoistisch.« (5) »Der Mensch ist in erster Linie durch Geld zu motivieren.« (6) »Der Mensch strebt nach Anerkennung.« (9) »Der Mensch ist von Natur aus und aus Tradition faul.« (10) »Der Mensch ist unfähig, sich selbst zu kontrollieren.«[3]

Vergleichbare Menschenbilder liegen heute noch vielen praktizierten, hoch angesehenen Führungsformen zugrunde.[4]

Allerdings ist unübersehbar, dass dieses Selbstverständnis des Menschen in den letzten Jahrzehnten immer mehr ins Wanken gerät. Sinn und Nutzen von Motivation stehen massiv in Frage.[5] Die Selbstständigkeit des Mitarbeiters wird immer deutlicher als Notwendigkeit und selbstverständliche Forderung angesehen.[6] Die Frage bleibt, wie das denn funktionieren soll. Sicher ist: Solange an den überkommenen Menschenbildern festgehalten wird, kann sich nichts ändern. Man wird nur an Symptomen kurieren, solange man die Menschen nicht wirklich als Individuen verstehen will.

Entwicklung in der Praxis – Ein Beispiel

Es gibt heute immer mehr Einrichtungen und Unternehmen, die sich darum bemühen, die oben skizzierten Herausforderungen der Führung anzunehmen.[7] Ein konsequenter Versuch, als Antwort auf diese Herausforderungen eine *dialogische Führung* zu entwickeln, ist die im Unternehmen *dm-drogerie markt* seit vielen Jahren gepflegte Unternehmenskultur. Das nachfolgend wiedergegebene Gespräch mit Verantwortlichen des Unternehmens zeigt, worauf es bei dieser Entwicklung vor allem ankommt: immer ein offenes Ohr zu behalten für die anderen, für die einzelnen Menschen, und immer das Handeln an wirklichen Bedürfnissen der Kunden und Mitarbeiter zu orientieren. In deren Fragen artikuliert sich der Dialog als Aufgabe und Chance. Dialogische Führung kann nicht als Programm entworfen oder als Theorie in die Praxis »umgesetzt« werden. Das wäre ein Widerspruch in sich. Freilich muss man sich erst aufnahmefähig, wahrnehmungsfähig machen für die Fragen anderer, und man muss den Willen haben, dem Verständnis Taten folgen zu lassen. Dass das nicht leicht ist im Alltagsgeschäft eines rasch wachsenden Unternehmens, mussten sich die Teilnehmer an dem Gespräch im Rückblick eingestehen. Der Versuch zeigt aber: Die Sache kann ins Werk gesetzt und ständig weiterentwickelt werden!

In die Begleitung dieses Prozesses über viele Jahre hin sind Überlegungen dieses Buches eingeflossen. In dem Prozess der Weiterentwicklung der Unternehmenskultur bei *dm-drogerie markt* wurde es notwendig, sich über die eigene Praxis aufzuklären. Wenn etwa in einem solchen Unternehmen mehr und mehr »Empfehlungen« an die Stelle von Anweisungen und Vereinbarungen treten sollen, braucht man ein deutlicheres Bewusstsein davon: Was heißt eigentlich »Empfehlung«? Wenn neue Mitarbeiter nach dieser Praxis fragen – wie kann man sich darüber verständigen? Gibt es Grenzen von Empfehlung? Wo sind Empfehlungen sinnvoll, wo sind Vereinbarungen, wo Anweisungen angebracht? Was auf den Begriff gebracht worden ist, kann im dialogischen Prozess wieder als Anregung dienen, um damit in Zukunft vielleicht noch andere Formen des Miteinanders zu entwickeln.

Erster Teil –
Dialogische Führung
in der Unternehmensentwicklung

> Ich versuche nur zu sagen, dass es etwas gibt,
> und anzudeuten, wie das beschaffen ist;
> ich berichte. Und wie vermöchte man überhaupt
> das Dialogische zu fordern! Zwiesprache gibt
> man keinem auf. Antworten wird nicht
> gesollt; aber es wird gekonnt.
>
> *Martin Buber*

Ein Gespräch mit Götz W. Werner, Erich Harsch, Rainer Kloeters, Erika Michel, Anja Reith, Klaus Vogelbacher

Das Unternehmen *dm-drogerie markt* hat seit vielen Jahren Erfahrungen mit der Entwicklung einer dialogisch geprägten Unternehmenskultur gemacht. Dialogische Führung wurde dort jedoch nicht ausgedacht und dann eingeführt. Sie ist in ihren Grundzügen aus einzelnen Maßnahmen entstanden und wurde dann – in Seminaren, Workshops und Gruppenbesprechungen – nach und nach bewusst gemacht und weiterentwickelt. Am Anfang dieses Prozesses wusste niemand, was daraus entstehen würde. Die dialogische Führung ist auch jetzt noch in fortlaufender Ideenbildung und Entwicklung begriffen. Es wäre deshalb verfehlt, über ihre Zukunft zu spekulieren oder gar Handlungsnormen anzudenken. Beschrieben werden kann aber der bisherige Weg der dialogischen Führung im Unternehmen. Mit dieser Absicht trafen sich am 16. Januar 2001 sechs Angehörige des Unternehmens mit den Autoren zu einem Gespräch. Es waren dies der Gründer des Unternehmens und geschäftsführende Gesellschafter Götz W. Werner, Erich Harsch und Rainer Kloeters als weitere Mitglieder der Geschäftsleitung sowie

Erika Michel, Anja Reith und Klaus Vogelbacher als Gebietsverantwortliche.

Das Gespräch ist ohne einschneidende Kürzungen wiedergegeben.
Wiederholungen, Vor- und Rücksprünge, wie sie in Gesprächen üblich
sind, in denen man sich über das gemeinsame Handeln Rechenschaft
gibt, bleiben erhalten, ebenso die Bemerkungen über Spezielleres aus
der Entwicklung des Unternehmens, das, um den Gedankenfluss nicht
zu stören, nur knapp erläutert wird. Der Leser kann dafür im konkreten Beispiel ein Stück dialogischen Prozesses erleben. Dialogische Führungskultur braucht diese gemeinsame Besinnung auf das Erreichte zu
ihrer Entwicklung.

Anfänge

Karl-Martin Dietz: Die erste Frage möchte ich an Herrn Werner
stellen: Was war der Anlass für Sie, in diesem mittelständischen
Handelsunternehmen die Führungsfrage zu stellen und eine
moderne Unternehmenskultur anzustreben?

Götz W. Werner: Einen konkreten Anlass auszumachen ist
schwierig. Als ich im Jahre 1973 mit Armin Föll zusammen den
ersten Drogeriemarkt gegründet habe, wurde ein Entwicklungs-
prozess losgelöst, der dann seinen eigenen Gesetzmäßigkeiten
gefolgt ist. Und wenn ich sage, den ersten Drogeriemarkt, dann
heißt das ja, dass wir damals nicht vorhatten, *einen* Laden aufzu-
machen, sondern wir wollten den *ersten* Laden aufmachen, den
ersten von möglichst vielen. Es ist natürlich klar, wenn man in
einem solchen einzelnen Laden arbeitet, wenn man ihn erst auf-
baut, dann hat man alles selbst in der Hand, dann stellt sich die
Führungsfrage gar nicht bewusst. Als es weitergegangen ist, als ein
zweiter Laden dazugekommen ist und so weiter, da hat sich natürlich die Führungsfrage immer wieder gestellt und man hat dann
versucht, aus den Gegebenheiten heraus Antworten zu finden.

Karl-Martin Dietz: Es wurde also nicht einfach eine neue Struktur gefunden, sondern es wurde ein Prozess in Gang gesetzt, der heute noch nicht abgeschlossen ist?

Götz W. Werner: Es gab eine der Sache innewohnende Dynamik, man hatte eigentlich mehr den sich ergebenden Verhältnissen zu folgen. Dann gab es natürlich auch immer wieder gewisse Besinnungspunkte, wo man sich sagen musste: Was war denn eigentlich bisher und wie soll es weitergehen?

Das geschieht ja nicht permanent, sondern das geschieht immer in Abständen aus verschiedenen Anlässen. Da gab es mehrere. Nachdem wir den zweiten Drogeriemarkt aufgemacht hatten, haben wir uns gesagt: Na ja, die zwei laufen ganz gut – wie gründen wir jetzt den dritten und den vierten und den fünften? Da waren immer wieder andere Verhältnisse zu beachten. Unter der Perspektive der Führungsfrage betrachtet, zeigen sich rückblickend einzelne bedeutsame Punkte: Einmal, im Jahr 1977, als wir dann schon 30 oder 40 Filialen hatten, haben wir uns gesagt, wir müssen das Ganze jetzt ein bisschen professioneller anpacken. Wir haben uns zum Beispiel eine Werbeagentur gesucht. Nun, die Marketingprofis, die von außen kamen, haben uns natürlich gefragt: Wie läuft denn euer Geschäft, was macht ihr da, warum macht ihr das und wie stellt ihr euch vor, dass es kommuniziert wird an die Kundschaft und auch an die Mitarbeiter? Das war natürlich ein solcher Besinnungsmoment, wo man sich fragte: Wie können wir diese Fragen beantworten? Das war der Ursprung unserer Unternehmensphilosophie, das erste Mal, dass etwas niedergeschrieben worden ist. Einfach weil die Werbeagentur damals gefragt hat: Warum betreiben Sie dieses Geschäft und wie betreiben Sie das Geschäft?

Später kamen natürlich weitere drängende Fragen hinzu, einfach dadurch, dass das Unternehmen immer größer wurde. Alles wurde immer schwerer überschaubar und wir mussten uns fragen: Wie geht man jetzt damit um? Das führte dann dazu, dass ich mir gesagt habe: Jetzt muss ich mich weiterbilden, ein Seminar besuchen – nachdem ich ja zwei oder drei Jahre eigentlich nur fleißig gearbeitet hatte. Bei einem solchen Seminarbesuch habe ich Hellmuth ten Siethoff kennen gelernt. Das Seminar hatte den Titel »Organisationsentwicklung«. Das interessierte mich natürlich, Organisationsentwicklung – das war ja genau unser Problem! Ich bin damals zusammen mit Herrn Kolodziej [Mitglied der Geschäftsleitung] hingefahren, wir haben das Seminar besucht und wir sind mit Hellmuth ten Siethoff ins Gespräch gekommen. Das war im Jahr 1978, und das war der Beginn von Führungsseminaren bei *dm-drogerie markt*. Das erste fand damals statt in Dahn mit den Mitgliedern aus dem Management, ab Bezirksleiter aufwärts.

Thomas Kracht: Was haben Sie damals für Anregungen mitgenommen aus diesem Seminar zur Organisationsentwicklung? Haben diese schon zu irgendwelchen Konsequenzen im Unternehmen geführt, oder haben Sie sich das Ganze erst einmal angehört?

Götz W. Werner: Das hat unmittelbar zu Konsequenzen geführt. Wir haben Hellmuth ten Siethoff engagiert. Für die beteiligten Kolleginnen und Kollegen hat das später auch insofern zu Konsequenzen geführt, als man darüber gesprochen hat, *wie Entscheidungen entstehen.* Es wurde nun gesprochen über Bildgestaltung, Beurteilungsphase, Entscheidungsphase und so weiter. All diese Dinge haben dann Eingang in unser Denken gefunden und dadurch natürlich mittelbar unser Handeln beeinflusst.

Der Anstoß war aber – daran kann ich mich lebhaft erinnern – der Gesichtspunkt der Unternehmensentwicklung, also: Pionierphase, Organisationsphase (Differenzierungsphase) und dann Integrationsphase. Das waren ja für uns begriffliche Stützen, um damit zu erfassen, was sich bei *dm-drogerie markt* abspielt, um daraus beurteilen zu können: Wo stehen wir heute? Und wie könnte es jetzt möglicherweise weitergehen, wenn man die Gesetzmäßigkeiten der Entwicklung erkennt?

Das wurde für das ganze Unternehmen eine Art Maßstäblichkeit, die man sich dadurch hat aneignen können. Und für das Miteinander wurden die genannten Entscheidungsprozesse wichtig, also: die Bildgestaltung, Beurteilungsphase, Entscheidungsphase. Das führte zunächst auch dazu, dass es manchmal skurrile Dinge gab, dass man sich gegenseitig beobachtet und kontrolliert hat. Wichtig war aber, dass dadurch ein gewisses Beobachtungselement in unser Tun kam. Vorher haben wir nur drauflos gearbeitet und uns gefreut, dass die Umsätze gestiegen sind.

Erich Harsch: Vielleicht darf ich da etwas ergänzen aus meiner Wahrnehmung als Mitarbeiter – ich bin 1981 ins Unternehmen gekommen. Es war durchaus nicht so, dass sich der Prozess der Veränderung nur auf irgendwelchen »höheren« Führungsebenen bewegt hat, sondern es haben 1983 schon Seminare mit Filialleitern stattgefunden, da ging es konkret um Führungsfragen. Ich kann mich noch genau erinnern – ein Beispiel: Es war in einer Gruppenarbeit bei einem Seminarabschluss. Jede Gruppe hatte die Aufgabe darzustellen: Was ist unsere Unternehmenssituation heute und wie soll es morgen sein? Das Rollenspiel begann in unserer Gruppe mit Musikuntermalung, wir hatten sie eigens besorgt von einem örtlichen Händler: *Spiel mir das Lied vom Tod.* Da kam der Bezirksleiter herein mit einem Knüppel in der Hand, und der arme geknechtete Filialleiter ist auf den Knien rutschend über die Bühne gekrochen. Das wurde sozusagen als pointierte Ist-Situation dargestellt, und dann die Soll-Situation des partnerschaftlichen Miteinanders, und zwar in dem Sinne der Überlegungen im Zusammenhang mit Unternehmensentwicklung, wie wir sie mit Herrn ten Siethoff angefangen hatten. Das war also schon 1983 – mit dem ganzen Unternehmen bis hin zu den Filialleitern, bis hin zu vielen Zentralmitarbeitern.

Klaus Vogelbacher: Es war im Jahr 1981, als ich als Bezirksleiter von *Aldi* (einem sehr hierarchisch geprägten Unternehmen) zu *dm-drogerie markt* kam: Ich habe damals gleich mein erstes Seminar mit Herrn ten Siethoff in Dornbirn besucht. Ich kann mich noch gut daran erinnern! Ich dachte: Um Gottes willen, was geht hier bei *dm-drogerie markt* ab? Ein Kollege sagte: Ich finde es toll, *dm-drogerie markt* schickt mich drei Tage nach Österreich, und man macht da quasi Urlaub und unterhält sich über das Thema »Organisationsentwicklung«. Damals hat der Bezirksleiter organisatorisch alles entschieden, dann kam später der Gebietsverkaufsleiter, und da hatte der Filialleiter genauso wenig zu sagen. Es war ganz klar geregelt: Personalprobleme beispielsweise löst der Bezirksleiter. Der Bezirksleiter war damals der »Zampano«, der die Entscheidungen getroffen hat. Da war keine Rede von »miteinander reden« oder »einbinden« oder Ähnlichem. Damals sprachen wir mit Herrn ten Siethoff über das Thema Delegationskontinuum und die unterschiedlichen Arten der Führung, zum Beispiel: Ich treffe mich mit euch, um euch zu sagen, wie ich mich entschieden habe! Oder anders: Ich treffe mich mit Ihnen, um Dinge zu besprechen und gemeinsam mit Ihnen zu entscheiden. Das waren also die ersten Schritte, die wir damals zum Thema »Miteinander« gegangen sind.

Erika Michel: Diese Anfänge habe ich noch als Filialleiterin erlebt. Eines Tages hieß es dann: Filialen an die Macht! (So titelte die *Lebensmittelzeitung*, die darüber berichtete). Herr Werner hat vorhin angedeutet: Bei der Vergrößerung wurde bald auch alles unübersichtlicher und chaotischer. Das war für mich damals auch das Erlebnis, als mit neuen Führungsmaßnahmen experimentiert wurde. Solange alles klein und überschaubar war, waren ein oder zwei Leute da, die gesagt haben: Das wird so gemacht, das andere wird so gemacht und das Dritte wird so gemacht. Und eine solche Filialleiterin war ich ja auch noch am Anfang. Was ich in meinem Laden gesagt habe, wurde ausgeführt, da fuhr die Bahn drüber und da brauchte gar niemand mit mir zu diskutieren! Dann merkte ich aber, mein Laden wird immer größer, ich schaffe das überhaupt nicht mehr alleine. Das wird mir alles zu unordentlich, ich muss die Leute in die ganzen Prozesse bewusst mitnehmen. Das waren für mich die Anfänge in die Richtung, von der die Rede ist. Für mich war das richtig schwer, dieses Loslassen zu üben in dem ganzen Prozess bis hierher, wo wir heute angekommen sind. Es war wirklich ein Immer-wieder-sich-selbst-zur-Besinnung-Rufen. Dieses Loslassen ist kein Abgeben im negativen Sinne, sondern das wird ein Miteinander, das es für uns alle leichter macht, sodass wir unsere immer größer werdenden Aufgaben immer noch besser bewältigen können.

Bingen 1991: Krise und Umschwung

Karl-Martin Dietz: Es scheint, dass dieses Nachdenken über Führung, das Bewusstmachen von etwas, was vorher in der Pionierphase eben einfach gelaufen ist oder laufen musste, nicht durch Erfolglosigkeit veranlasst war, sondern gerade durch den Erfolg. Diese Überlegungen kamen also aus der Zukunft und nicht aus einer irgendwie problematisch gewordenen Vergangenheit. Kann man das so sagen?

Erich Harsch: Ja, ich glaube, die Entwicklungsfrage spielte auch immer eine wichtige Rolle. Ende der achtziger, Anfang der neunziger Jahre – da kann ich mich gut erinnern – war dann wieder die Fragestellung: Wie bewältigen wir das Wachstum? Damals gab es eine zusätzliche Hierarchieebene, die Gebietsverkaufsleiter. Man hatte zwei Führungsebenen zwischen der Geschäftsleitung und der Filiale eingerichtet, und nun stellte sich die Frage: Jetzt haben wir 350 Filialen, was tun wir denn, wenn wir eines Tages 500 Filialen haben? Wir haben zwei Verkaufsleiter. Bis die Geschäftsleitung durch die Filialen getourt ist, sind zwei Jahre rum. So kann es nicht weitergehen. Wie bewältigen wir das Wachstum, ohne eine spitze Hierarchiepyramide zu bekommen? Damals (1991) wurde dann die Idee der Regionalverantwortlichkeiten geboren: Jedes Mitglied der Geschäftsleitung ist auch für eine größere Anzahl von Filialen (Region) verantwortlich.

Rainer Kloeters: Als ich im Jahr 1979 in das Unternehmen eintrat, habe ich die Pionierphase noch mitbekommen. Dann erlebte ich die Differenzierungsphase. Natürlich ist mir das damals nicht so bewusst gewesen, aber in der Rückschau, wenn ich mich damit beschäftige: »was ist Pionierphase, Differenzierungsphase, Integrationsphase?«, kann ich sagen: wir sind damals wirklich in die klassische Differenzierungsphase hineingekommen. Das Abteilungsdenken hatte enorm zugenommen, wir sind enorm gewachsen. Der Bezirksleiter hatte früher fünf bis sieben Filialen; das Wachstum, das Herr Harsch angesprochen hat, führte dazu, dass die Bezirksleiterposition explodierte, wir brauchten immer mehr Bezirksleiter. Aber wie kann man die Bezirksleiter jetzt wieder einbinden? Wir hatten Sitzungen, da kamen 15 Bezirksleiter zusammen, das war auch nicht mehr effektiv. Dann wurde eine nächste Hierarchiestufe eingeführt: »Gebietsverkaufsleiter«. Dazu ist aber noch eine weitere Differenzierung gekommen: Auf einmal hatten wir eine Kosmetikberatung, also Damen, die durch die Filialen fuhren als Beraterinnen. Die waren aber weniger Beraterinnen als Kontrolleurinnen, sie sollten schauen, dass mit der dekorativen Kosmetik alles läuft. Es wurde also alles immer verzweigter und komplexer, und wir mussten uns fragen, wie das überhaupt weitergehen soll. Das war eigentlich dann der Einschlag. Es war bei einem Treffen in Bingen, im Jahr 1991, wo wir gesagt haben: Die Struktur, so wie sie heute ist, ist nicht zukunftsgerichtet, kann nicht zukunftsgerichtet sein, wir müssen uns etwas anderes einfallen lassen. Und so kamen wir dann darauf, dass wir aus der starken Differenzierungsphase herauskommen müssen.

Thomas Kracht: Man bekommt durch Ihre Berichte den Eindruck, dass sich zwei Dinge gleichzeitig entwickelt haben. Auf der einen Seite gab es für Sie die Notwendigkeit, bedingt durch die ständige Expansion, dass Sie sich bewusst Organisationsfragen stellen mussten. Die Entwicklung des Unternehmens hatte zu einer Differenzierung mit den entsprechenden Schwierigkeiten, Problemen und Fragestellungen geführt. Auf der anderen Seite hatten Sie sich ja schon längere Zeit mit Führungsfragen beschäftigt, angestoßen durch das erwähnte erste Seminar mit Herrn ten Siethoff. Sie haben dann in Bingen versucht, beides miteinander zu verbinden. Sie haben sich die Führungsfrage gestellt: Wie müssen wir miteinander umgehen, damit wir wegkommen von einem alten Führungsmodell, das weder praktisch ist noch den Bedürfnissen der Mitarbeiter entspricht? Und damit wurde dann die zweite Frage verknüpft: Wie bewältigen wir eine immer komplexere Organisationsstruktur? Ist dieses Bild richtig, das sich mir aus Ihren Berichten ergibt?

Erika Michel: Ich glaube, das ist schon richtig. Ich möchte hervorheben: Wichtig waren bei der ganzen Sache vor allem die Mitarbeiter, die Menschen in der Filiale. Diese Menschen mehr mit einzubeziehen, damit sie ihre Persönlichkeit, ihre Fähigkeiten entwickeln können, ich glaube, das war ein ganz wesentlicher Grund. Es hat zumindest eine wichtige Rolle gespielt.

Rainer Kloeters: Der Beginn mit Hellmuth ten Siethoff stand für mich unter dem Zeichen: Wie gehen wir miteinander um unter Kollegen und mit Mitarbeitern? Hellmuth ten Siethoff hat dann auch diese Entwicklungsphasen des Unternehmens bewusst gemacht. Aber der Schwerpunkt war für mich erst einmal das Miteinander-Umgehen und auch die Frage an sich selbst: Wo stehst du, was machst du, was für Potenzial steckt in dir? Wir hatten uns wohl vorher schon, vielleicht nicht ganz bewusst, die Frage gestellt: Wie gehen wir miteinander um? Da war es irgendwann so weit, dass wir uns sagten: Jetzt muss sich aber auch im Äußeren etwas ändern, das muss sich jetzt anders gestalten! Und dann kam natürlich noch die Entwicklung des Unternehmens, das immer größer und komplexer wurde, dazu.

Thomas Kracht: Das sind also offenbar Entwicklungen, die zuerst parallel und dann zusammengelaufen sind: Jetzt müsste man das Miteinander auch bis in die Organisation hinein verändern – und das zugleich mit dem raschen Wachstum und den Organisationsaufgaben, die sich dabei stellen. Also eigentlich eine ziemlich komplexe Lage. – Wie hat sich das Ganze nun entwickelt, wie ist es aus Ihren Fragestellungen der siebziger bis achtziger Jahre zu der Entwicklung der neunziger Jahre gekommen?

Götz W. Werner: Die Entwicklung lief tatsächlich auf zwei Ebenen. Da war die erste Besinnung: Es reicht nicht, erfolgreich zu sein, man muss auch verstehen, warum man erfolgreich ist, um daraus etwas weiterzuentwickeln – das war die Zeit, als die Arbeit mit Hellmuth ten Siethoff begann, wo wir über Führung aktiv nachgedacht haben und uns ausgebildet haben. Das war die eine Schicht. Die andere aber war, dass wir nach wie vor der Meinung waren: Es kommt darauf an, dass das, was wir denken im Unternehmen, was wir wollen, dass man das auch möglichst vollständig in jeder Filiale umsetzt. Das ist eine andere Ebene. Wir entwarfen ja, wie ich schon sagte, damals die heute immer noch bestehende Unternehmensphilosophie (seit einem Treffen im Jahr 1982 in Zell am See). Aber wir waren zunächst immer noch der Meinung, dass ein Unternehmen vor allem etwas hierarchisch Strukturiertes ist: Oben wird gedacht und unten wird gemacht. Und was oben gedacht wird, das wird auch unten ausgeführt. Das war nach wie vor unsere Anschauung, obwohl wir uns über das Miteinander, die Führungsfrage und über die Gesetzmäßigkeiten eines sozialen Organismus Gedanken gemacht haben. Je mehr wir uns auf der einen Seite bemühten, dass, was oben gedacht wird, auch unten gemacht wird, also diese Seite immer mehr perfektionierten, und auf der anderen Seite uns damit beschäftigt haben: »was heißt denn soziales Miteinander?«, desto mehr wurden dabei Diskrepanzen deutlich. Das eine wollte mit dem anderen nicht zusammenlaufen, sondern es lief eher auseinander.

Nun war das nicht von Anfang an so erkenntlich, sondern wir haben ja diese Führungsarbeit mit Hellmuth ten Siethoff gemacht, um das andere besser beherrschen zu können und uns sozusagen fachlich oder auch bewusstseinsmäßig dafür aufzurüsten, dass wir es noch besser fertig bringen, dass eine Filiale wie die andere aussieht. Und dass überall alles gleich läuft und möglichst gleichgeschaltet und zentralistisch gesteuert wird, sodass wirklich ein unmittelbares, direktes Steuern möglich ist. Das war damals in den Jahren von 1977, 1978 bis 1990.

Karl-Martin Dietz: Was hat Ihnen dann den Mut gegeben, die Situation zu verwandeln, die Lösung für den Widerspruch zu finden?

Götz W. Werner: Von Mut möchte ich gar nicht reden, man hat eher eine Ohnmacht gespürt, die wurde immer stärker. Also einmal die schon erwähnte Ohnmacht: Je mehr Filialen es wurden, desto schwieriger war es, diese Steuerungsfähigkeiten nach außen darzustellen, deshalb auch die Einführung der Gebietsverkaufsleiter und so weiter, die Kosmetikberatung, und was einem da einfallen konnte, also das Moment der Kontrolle und der Sicherstellung. Das ist auch eine Art Ohnmacht. Wirklich durchhalten zu können wurde immer aufwändiger und hat immer mehr Entropie verursacht. Und auf der anderen Seite sich immer mehr damit zu beschäftigen: »was ist denn nun der Sinn des Lebens, um was geht es denn beim Arbeiten, was heißt Zusammenarbeit, was heißt Team, was heißt kreativ, was heißt Entscheidung, was heißt Initiative, was ist ein unternehmerischer Impuls?« – bis man gemerkt hat: Das widerspricht sich ja eigentlich, denn dieses Sicherstellen-Wollen setzt eindeutigen Befehl und Gehorsam voraus, und das andere setzt Eigeninitiative voraus. Und das hat sich dann in einer gewissen Ausweglosigkeit immer deutlicher bemerkbar gemacht Ende der achtziger Jahre.

Karl-Martin Dietz: Herr Vogelbacher, Sie sind heute Gebietsverantwortlicher, Sie haben diese Prozesse miterlebt, wie ist es Ihnen dabei ergangen?

Klaus Vogelbacher: Ich war damals Gebietsverkaufsleiter und verantwortlich für zwölf Bezirksleiter. Ich habe am Tag zweimal getankt, bin von Karlsruhe bis nach Köln gefahren und war verantwortlich vom Saarland bis nach Nürnberg. (Die Gebietsverkaufsleiter waren damals für 60 bis 80 Filialen verantwortlich.) Eine Sitzung jagte die andere und wir Gebietsverkaufsleiter waren eher selten an der »Front«. Wir haben organisiert und die Bezirksleiter geführt, aber der direkte Kontakt mit den Filialen kam viel zu kurz. Damals hat der Bezirksleiter die Personalentscheidungen getroffen, strategische Dinge wurden auf Bezirksleiter-Sitzungen oder Verkaufsleiter-Sitzungen besprochen. Das ging bis 1991. Ich kann mich erinnern, wir hatten immer etwa zehn bis fünfzehn Bezirksleiter in Einarbeitung, und wir hatten eine gewaltige Fluktuation. Die Arbeit mit den Filialleitern wurde problematisch, und es gab Spannungen. Es war eine nicht ganz einfache Zeit.

Karl-Martin Dietz: Sie hatten den Eindruck, das Unternehmen beschäftigt sich mit sich selbst statt mit dem, was es eigentlich will?

Klaus Vogelbacher: Es war eher eine reine Organisationsleistung, die wir damals zu leisten hatten. Es gab damals die Vertriebsleitung, bestehend aus zwei Verkaufsleitern und, ihnen hierarchisch zugeordnet, vier Gebietsverkaufsleitern, deren Zahl aufgrund des Wachstums bei *dm-drogerie markt* auf sechs erweitert wurde. Das ging anfänglich ganz gut, aber auf die Dauer war diese Struktur nicht besonders effektiv. Wir Betroffenen haben es gespürt, aber so richtig wahrhaben wollten wir es zunächst nicht. Dann kam durch die Unternehmensstrukturveränderung 1991 das Thema Verantwortung in einer ganz anderen Art und Weise in das Unternehmen herein. Man hat nicht nur etwas »geleitet«, sondern man war für seinen Bereich »verantwortlich« – und das ist ein sehr großer Unterschied. »Regionalverantwortlicher« oder »Gebietsverantwortlicher« – Verantwortung übernehmen bedeutet dann auch, im Vergleich zu früher sehr eng mit den Filialen zusammen zu arbeiten. Anfänglich kam die Frage auf: Was macht man eigentlich als Gebietsverantwortlicher? Man berät und unterstützt die Filialen in ihrer Arbeit. Und das hat eine ganz andere Qualität bekommen als das bisherige »Leiten«: raus aus dem Organisatorischen, hinein in den Führungsbereich und in die Selbstverantwortung der Filialen.

Rainer Kloeters: Ich möchte dazu ergänzend bemerken: Wir haben jetzt über Bezirksleiter und Gebietsverkaufsleiter und über die Filialleiter gesprochen, also diejenigen, die unter dieser hierarchischen Pyramide besonders zu leiden hatten, was dann ja manchmal schon skurrile Formen annahm. Ein Beispiel: Der Bezirksleiter geht in die Filiale zu Frau Michel und sagt: »Frau Michel, das wird so gemacht.« Zwei Tage später ist Rundfahrt mit dem Gebietsverkaufsleiter, der stößt das alles wieder um. Frau Michel steht dann wieder alleine da und schaut, wie sie alles ändert, und dann kommt auch noch der Verkaufsleiter und will alles wieder anders haben. Das sind keine hergeholten Beispiele, das war Praxis! Wie oft werden sich die Mitarbeiter in den Filialen gefragt haben, was das alles soll!

Klaus Vogelbacher: Ein weiteres Beispiel für ein solches Wechselbad: Früher war es oft so, dass der Bezirksleiter Vorstellungsgespräche geführt und dann Leute eingestellt hat. Dann hat er den Filialleiter informiert und gesagt: »Ich habe bei Ihnen jemanden neu eingestellt, der fängt nächste Woche bei Ihnen an«, und der Filialleiter musste auf Gedeih und Verderb mit diesem Menschen zusammen arbeiten, obwohl er seinen neuen Mitarbeiter noch nicht einmal gesehen hatte. Wenn Sie das mit der heutigen Situation vergleichen, wie wir mit Führungsfragen und mit Mitarbeitern umgehen, wirkt das teilweise wie ein Kulturschock.

Karl-Martin Dietz: Wie hat sich Ihre eigene Situation gegenüber der damaligen verändert? Was ist damals konkret verändert worden, was hat man eingerichtet? Das Echo war doch: »Filialen an die Macht!«, wie wir gehört haben.

Götz W. Werner: Es ist nicht leicht, diese Veränderung auf einen Punkt zu bringen. Ich glaube, dass wir in der Zeit davor in einer

Illusion gelebt haben, die eine Lösung der genannten Fragen lange behindert hat. Wir haben in der Illusion gelebt, dass im Unternehmen alles gleich sein könnte. Wir hatten aber vergessen, dass wir ja schon von der physischen Struktur her gar nicht von gleichen Voraussetzungen sprechen konnten, weil wir zum Beispiel nicht lauter gleiche Filialen hatten: Grundrisse, Länge und Breite, Verkaufsfläche – alles unterschiedlich. Wir hatten keine gleichen Filialen, aber wir hatten eine Gleichheitsmanie, eine Gleichheitsvorstellung, die illusionistisch war. Denn nicht nur die Filialen waren sehr unterschiedlich, sondern natürlich vor allem die Mitarbeiter in den Filialen waren sehr unterschiedlich. Ebenso die Kunden, auch in der Zahl, wie sie kamen. Auch die Umsätze waren sehr unterschiedlich, viel unterschiedlicher übrigens als heute. Und auch die Wettbewerbsverhältnisse waren sehr unterschiedlich – obwohl man natürlich meint, man verkauft überall das Gleiche, es sind überall die gleichen Artikel mit den gleichen Preisen, es ist die gleiche Werbung, und alle haben auch die gleichen Einkommen und so weiter. Man hat so eine abstrakte Gleichheitsvorstellung, die aber mit der Wirklichkeit nicht übereinstimmt. Je mehr wir uns dazu entschließen konnten – was natürlich wieder eine Folge unseres Nachdenkens über Führung war –, mehr auf die Wahrnehmung zu achten, je mehr wir uns darüber Gedanken machten: »wie entsteht Wirklichkeit?« – und so weiter, desto bewusster wurde uns dann natürlich auch, wie groß diese Illusion war. Wir haben ja auch Wahrnehmungsübungen gemacht und haben diese Wahrnehmungsübungen dann mal auf unser Unternehmen angewandt und festgestellt: Ach, die sind ja gar nicht gleich, unsere Filialen! Kurz gesagt, wir entdeckten immer mehr: Man kann sie sich unterschiedlicher gar nicht vorstellen. Und wir bemerkten, dass man zwar immer einen – wir haben das damals genannt: idealtypischen – Drogeriemarkt vor Augen hatte. Da gab es sogar Pläne, aber in Wirklichkeit gab es den nicht, den gab es nicht ein einziges Mal – irgendetwas war immer anders. Das war eine Wahrnehmung, die sich da aufdrängen musste und die dann auch zu einer gewissen Evidenz führte. Dass es so nicht weitergeht, das wurde immer evidenter, aber das heißt ja noch lange nicht, dass man dann schon etwas tut.

Ich kann jetzt eine kleine Anekdote erzählen. Für mich persönlich war dies der Auslöser: Ich kam in die Filiale nach Ettlingen. Wir hatten damals vor den Duft-Discount Theken gestellt, die abgesperrt waren, um Diebstahl zu verhindern. Ich stand vor der Theke und habe mich mit der Filialleiterin unterhalten. Während ich mich so unterhalte über alles Mögliche, wie Inventurdifferenz, Diebstahl, und dabei die Filialleiterin fragte, ob sie denn hier im Kosmetikbereich auch viel Diebstahl habe, lehne ich mich an die Theke, und dabei schiebt sich die Theke nach hinten. Da war mir klar: Wenn ich die Theke nach hinten schieben kann, dann kann ich ja auch ganz leicht ins Regal greifen. Ich sagte es der Filialleiterin, diese erwiderte: Ja, auf diese Art und Weise wurde auch schon zweimal geklaut. Und dann habe ich gesagt: Was haben Sie denn dagegen unternommen? Die Filialleiterin: Ich habe den Bezirksleiter informiert, dass die Theke befestigt werden muss. – Ich weiß noch wie heute, dass ich da rausgegangen bin und nur gesagt habe: Also jetzt weiß ich, wo das Problem liegt!

Da ist bei mir wirklich der Groschen gefallen, das war sozusagen der Auslöser. Alles andere musste sich natürlich vorher an konstruktiver Unzufriedenheit angesammelt haben, aber das war der wirkliche Auslöser der Veränderung. Denn das kann ja nicht sein, dass die Filialleiterin sich darüber beklagt, dass sie Inventurdifferenz hat, dass sie weiß woran es liegt, das Problem kennt und dann sagen muss: Ich habe den Bezirksleiter informiert, und der wird es dann irgendwann mal machen. – Davon mussten wir wegkommen! Und da kam dann etwas, was hier schon über unsere Zusammenkunft in Bingen gesagt wurde; Bingen war dann die Gelegenheit, es auszusprechen. Im Vorfeld zu Bingen haben wir uns viele Gedanken gemacht, in welchen Gebieten da Unwesen herrscht, wie viele Besprechungen es gibt und was das an Aufwand auslöst, die vielen Protokolle und so weiter. Wir haben das dann alles mal zusammengestellt und uns bewusst gemacht, wie man aus dieser Sache herauskommt, damit das Ganze schlanker, flacher, einfacher, übersichtlicher wird, und das wurde dann die Sache, die wir nun in Bingen im größeren Kreis, über die GLK (Geschäftsleitungskonferenz) hinaus, versucht haben, uns bewusst zu machen.

Karl-Martin Dietz: Wie sah dieser Schritt konkret aus?

Götz W. Werner: Äußerlich sah er so aus, dass wir gesagt haben: Wenn wir verhindern wollen, dass der Bezirksleiter der Meinung ist, er sei dafür verantwortlich, dass alles klappt, und die Filialleiterin meint, dass der Bezirksleiter alles zu machen hat, dann fangen wir damit an, dass ein Bezirksleiter nicht wie bisher sechs, sieben, acht, neun Filialen hat, sondern 15, 18, 20, 25. Einfach durch die größere Anzahl von Filialen blieb ihm nun gar nichts anderes übrig, als sich zu fragen: Ja, was kann denn die Filialleiterin ab jetzt von der Verantwortung übernehmen, die ich bisher zu übernehmen hatte? Umgekehrt stand die Filialleiterin vor der Tatsache, dass der Bezirksleiter nicht mehr permanent für sie ansprechbar war, dass sie nun selbst Wege finden musste. Also haben wir im Prinzip dadurch ein Vakuum erzeugt, dass der Bezirksleiter jetzt 20 Filialen hatte, und die Filialleiterin den Bezirksleiter nur noch zu 30 Prozent zur Verfügung hatte. Das war die andere Seite der Sache.

Man kann natürlich sagen, wir haben eine Hierarchieebene herausgenommen und so weiter – aber das ist nur eine Bezeichnung dafür. Das hat tatsächlich stattgefunden, aber viel wichtiger war, dass wir umgedacht haben und gesagt haben: Wir schauen jetzt nicht mehr von innen nach außen, also nicht mehr in dem Sinne »oben wird gedacht, unten wird gemacht«, sondern wir denken nur noch von außen her und fragen nicht mehr: Welche Aufgaben gibt es in den Filialen, und wie kann man den Filialen etwas geben, was sozusagen fertig ist und wovon man glaubt, dass es überall gleichermaßen umsetzbar ist? Wir fragen jetzt: Wie kann man den Filialen dabei helfen, dass sie selbst erkennen, was notwendig ist und das nützen, was im Unternehmen vorhanden ist, dass sie es in der Filiale anwenden – und zwar so, wie es für die Filiale richtig ist?

Erich Harsch: Wichtig dabei war die Verantwortungsumgestaltung der Geschäftsleitung, besonders die schon erwähnte Einführung der Regionalverantwortlichkeiten. Da hat sich doch bei uns schon etwas entscheidend verändert. Von da an haben alle Geschäftsleitungsmitglieder den »Mist«, den sie in ihren Zentralabteilungen angestellt haben, selbst ausbaden müssen in ihren eigenen Filialen. Und das hat eine Einigkeit des »Von-der-Filiale-her-Denkens«, als eine gemeinsame Basis geschaffen. Das ist eine ähnliche Richtungsumkehr, wie es gerade für die Filialen beschrieben wurde. Bei den Zentralabteilungen gab es früher die Tendenz zu meinen: Die Filiale muss es machen oder eine andere Zentralabteilung oder wer auch immer. Da hat sich eine ganz andere Basis gebildet in der Zusammenarbeit auf der Geschäftsleitungsebene.

Rainer Kloeters: Die Regionalverantwortung wurde schon ein Jahr vorher eingerichtet. Da gab es nämlich noch die Gebietsverkaufsleiter, und wir waren als Regionalverantwortliche – ich kann mich noch an dieses Bild erinnern – der »Satellit«. Wir hatten Bilder dafür, wir sagten: Im Ressort ist man der Kapitän auf dem Schiff und in der Region ist man der Anwalt von Kunden und Mitarbeitern. Das war eine ganz interessante Situation, wenn man dann als Regionalverantwortlicher auch mal einen Termin mit einem Gebietsverkaufsleiter wollte, um mit ihm eine Rundfahrt durch die Filialen zu machen. Das klappte nie, die Gebietsverkaufsleiter hatten nie Zeit. – Das ging parallel.

Götz W. Werner: Man kann sagen, der Wind blies damals aus verschiedenen Ecken. Es kam nun natürlich auf uns zu, dass wir uns sagen mussten: Ja, nur Berater oder Anwalt der Kunden – das geht auch nicht. Und auf der anderen Seite: Wie bringen wir es fertig, dass in den Filialen mehr Initiative entwickelt wird? Wir hatten auch einmal eine ganz interessante Diskussion in der Geschäftsleitung. Jeder von uns Ressortverantwortlichen hatte damals – ich persönlich noch nicht – die direkte Verantwortung für 40 bis 50 Filialen. Und als dann die Frage kam, diese Umstülpung »Filialen an die Macht«, »mehr Eigenverantwortung in den Filialen« in Angriff zu nehmen, da habe ich die Frage gestellt: Bis zur nächsten GLK in drei Wochen soll sich jeder überlegen, wie viele Filialen aus seiner Region dafür wohl in Frage kämen. Und dann haben wir uns drei Wochen später getroffen und abgefragt. Was glauben Sie? Es wären so acht bis elf pro Region, so war die Meinung. Das hätte ja eigentlich dazu führen müssen zu sagen: Ja, dann können wir das so nicht machen, dann müssen wir uns erst einmal nach neuen Filialleitern umsehen, das geht gar nicht. Ich weiß noch, wie wir uns dann aber einen Stoß gegeben haben: Okay, es gibt keine Alternative dazu, das müssen wir jetzt einfach mal ausprobieren! Und siehe da, es kam eigentlich umgekehrt. Wenn wir heute zurückblicken, dann können wir erkennen, dass es gerade umgekehrt gewesen ist. Das heißt, es sind vielleicht sieben bis acht Filialleiter gewesen, die es *nicht* geschafft haben und dann andere Aufgaben übernahmen.

Klaus Vogelbacher: Tatsächlich hatte man jetzt gar nicht mehr die Zeit, in den Filialen alles selbst zu organisieren, wie das vorher war. Da hat das Thema »Verantwortung« eine ganz andere Bedeutung bekommen. Es kam nun darauf an, den Mitarbeitern in den Filialen die Freiheit und Freiräume zu geben und zu sagen: Entscheide die Dinge, die deiner Meinung nach in der Filiale richtig sind, wie das Beispiel mit der Theke zeigt. Seither geht es bei dem Thema »Mitentscheiden« darum, die Verantwortung zu übergeben und zum Beispiel die Personalverantwortung gemeinsam mit dem Filialleiter zu tragen und ihn zuvor »fit« zu machen für Gespräche mit den Bewerbern, sodass er Einstellungen selbst durchführen kann. Das war der Punkt, wo man angefangen hat im

Unternehmen, den Filialleiter in das Personalmanagement mit einzubinden.

Karl-Martin Dietz: War das gleich plausibel für Sie und Ihre Kollegen?

Klaus Vogelbacher: Nein, das war nicht gleich plausibel. Ich habe mich damals gefragt: Wie soll das bloß gehen? Ich kann mich erinnern, als ich 1992 anfing, auf den ersten Gebietstagen und Wochenenden mit den Filialleitern über das Thema zu sprechen: Wie bekommen wir das hin und wie kriegen wir das geregelt, wer übernimmt jetzt die Verantwortung, dass wir die Menschen einstellen können, die bei *dm-drogerie markt* arbeiten wollen und können? Fühlen Sie sich dazu in der Lage? Können Sie sich vorstellen, dass Sie die ersten Gespräche führen? Das war schon für viele unheimlich schwer, denn sie waren es ja gewohnt, dass ein anderer diese Aufgabe vorher erledigt hat.

Erich Harsch: Wie haben Sie das persönlich eigentlich erlebt, Herr Vogelbacher? Von außen betrachtet hätte jemand vielleicht sagen können: Der Herr Vogelbacher ist degradiert worden vom Gebietsverkaufsleiter zum besseren Bezirksleiter. Und da gab es einige ... Sie waren ja in einer »höheren« Hierarchiestufe, die entfernt worden ist.

Klaus Vogelbacher: Einfach war es nicht, es war schon ein gewisser »persönlicher Verlust«. Ich kann mich an eine Situation erinnern, als wir Gebietsverkaufsleiter mit den Verkaufsleitern zusammen in München im MMM-Kongreß (Moderne Markt-Methoden) zusammensaßen und Herrn Werner gebeten hatten, uns in dieser Sache zu beraten. Es kam auf uns neue Gebietsverantwortliche an, diese neue Aufgabe zu gestalten und auch den jüngeren Kollegen mit unserer Erfahrung zu helfen. Und da musste jeder sich fragen, bin ich dabei, ist das für mich persönlich und ist das für *dm-drogerie markt* richtig? Einige haben sich das überlegt und sich entschieden, das Unternehmen zu verlassen. Wie Sie sehen, bin ich geblieben, und darüber bin ich auch sehr glücklich. Wenn Sie sich heute mit den ehemaligen Kollegen unterhalten, beispielsweise über Führung und über das, was sie selber heute tun, dann denken viele, das ist eine andere Welt bei *dm*. In vielen anderen Unternehmen ist eben die Hierarchie und die Macht, Anweisungen und Entscheidungen zu treffen, sehr stark ausgeprägt. Ich habe heute als Gebietsverantwortlicher mehr Verantwortung und Entscheidungsfreiheit als mancher Geschäftsführer in einem Konzern. Es war nicht einfach, es hat auch einige Zeit gedauert, bis dieses Gefühl weg war, zu sagen, das ist persönlicher Verlust und deine Position ist weg.

Karl-Martin Dietz: Kann ich das so zusammenfassen: Man erlebt weniger an Macht im traditionellen Sinne, aber gleichzeitig eine Zunahme von Verantwortung, obwohl ja diese jetzt von viel mehr Leuten getragen wird? Man hat mehr das ganze Unternehmen im Sinn oder muss es im Sinn haben, wenn man so handeln will. Habe ich das richtig gesehen?

Klaus Vogelbacher: Ich will es noch ein bisschen praktischer darstellen. Sie hatten in der damaligen Zeit als Bezirksleiter immer nur Gespräche mit den Filialleitern. In der heutigen Situation bleibt Ihnen nichts anderes übrig, als viel tiefer einzusteigen und sich ganz direkt mit den verschiedenen Mitarbeitern vor Ort in den Mitarbeiterbesprechungen (nehmen Sie das Thema Mitarbeitereinkommen als Beispiel) zusammenzusetzen und mit allen Menschen zu sprechen und nicht die Hierarchie fortzusetzen. Heute ist das Miteinander weitgehend enthierarchisiert.

Rainer Kloeters: Ich möchte nochmals zurückgreifen auf die Frage: Wie war das denn für die Bezirksleiter und Gebietsverkaufsleiter damals? Ich habe den Tag noch wie heute vor Augen. Am nächsten Tag bin ich nämlich mit Herrn Vogelbacher nach Hause gefahren – können Sie sich noch daran erinnern? Das war schon ein Schockzustand für einige, ein tiefer, krasser Einschnitt,

wobei ich noch nicht einmal unbedingt sagen möchte: Machtverlust, sondern bei Herrn Vogelbacher hatte ich mehr das Gefühl,
das kann ja gar nicht so funktionieren, wie die sich das vorstellen.
Bei einigen war es sicher Machtverlust, ganz klar, die haben uns
dann auch verlassen, es waren unterschiedliche Beweggründe da.
Man wurde ja wirklich vor etwas Neues gestellt, hatte zwar vorher darüber gesprochen, aber es ist ja immer etwas anderes, ob
man redet darüber oder ob auf einmal der Blitzschlag da ist, und
jetzt ändert sich alles.

Karl-Martin Dietz: Da gab es auch keine Vorbilder, wo man mal
schauen konnte, wie die anderen das machen?

Klaus Vogelbacher: Diese Struktur war, glaube ich, damals im
Handel einmalig. Wir hatten jedenfalls keine Vorbilder für das,
was wir gemacht haben, diese Regionalisierung und gleichzeitig
die Einführung der Ressortverantwortung.

Götz W. Werner: Zu dem Machtverlust würde ich sagen: Es war
eigentlich vor allem Orientierungslosigkeit, aber das ist ja immer
der Fall, wenn man etwas Neues macht.

Karl-Martin Dietz: Frau Michel, hatten Sie damals als Filialleiterin den Eindruck: Jetzt komme ich an die Macht?

Erika Michel: Ich hatte erst mal richtig Angst. Angst vor der neuen
Verantwortung. Wenn man jahrelang als Filialleiterin arbeitet und
sich darauf verlassen konnte: Da kommt ein Kollege Vogelbacher
oder ein anderer, und die machen es so und so und so. Und jetzt
sollte ich das alles auf einmal alleine verantworten. Aber nach
einer gewissen Zeit war das für mich eine Befreiung. Denn es ging
uns Filialleitern wirklich so, wie es gesagt wurde: Wenn mal
jemand kam, wollte er das dann so und so gemacht haben. Drei
Tage später kam vielleicht ein anderer Kollege, der brachte jemanden in Einarbeitung mit. Da hieß es: Jetzt räumen Sie das mal so
und räumen Sie das mal so. Nun, so etwas war für mich nicht
gerade motivierend. Ich dachte oft: Was wollen die denn jetzt? Für

mich ist es Mehrarbeit und irgendwie behindert mich das, weil ich ein Mensch bin, der gerne agiert. Wenn ich dann gesehen habe, ein Mitbewerber hat einen Artikel billiger als ich, ich muss da reagieren, dann muss ich aber erst meinen Bezirksleiter anrufen, den konnte ich dann aber nicht erreichen ... also: es war schwierig. Und so kam für mich mit der Umstellung eigentlich die Motivation. Im Rückblick kann ich sagen: Es war die Befreiung, dass ich sagen konnte, jetzt kann ich in meinem Laden kundenorientiert so arbeiten, wie ich das für meine Filiale sehe; aber es war nicht einfach. Auch ich musste ja lernen, das neue Führungsverständnis mit meinen Mitarbeitern erst aufzubauen. Und für einige meiner Filialleiterkollegen war es schon manchmal sehr schwierig. Einige wenige haben sich dann auch entschlossen, uns zu verlassen, weil sie sich gesagt haben: Mit dieser neuen Aufgabe komme ich nicht mehr zurecht! Aber das waren wirklich sehr wenige, und wenn ich heute in die Filialen komme in dem Gebiet, das ich jetzt betreue – was hat sich da alles verändert! Und dabei sind ja meistens die Filialleiter noch da, die damals meine Filialleiterkollegen waren, die eine Riesenangst damals hatten, diese Veränderungen mitzumachen. Die stehen heute vor mir und wissen ganz genau, wie sie ihre Filiale führen, und die haben ganz tolle Ideen. Also, rückblickend muss ich schon sagen: Es war der beste Weg.

Thomas Kracht: Es war ein Schritt auf einem Weg, der sich gelohnt hat. Gelohnt hat er sich im rein menschlichen Sinne, weil er offenbar wirklich als eine Befreiung zur Eigeninitiative erlebt worden ist, aber er war auch im wirtschaftlichen Ergebnis ein Erfolg. Können Sie rückblickend sagen: Was gehörte denn alles dazu, was musste man denn jetzt plötzlich alles anders tun und was musste man können? Man musste aber auch etwas haben, man musste viel mehr Informationen haben und so weiter. Was brauchten Sie denn in dieser Situation?

Erika Michel: Ich musste vor allem lernen, mich selber mehr in die Hand zu nehmen, auch selber zu entwickeln. Ich hatte ja auf einmal eine neue Aufgabe, ich musste meine Mitarbeiter führen; das hat früher auch der Bezirksleiter gemacht. Wenn irgendein Problem in der Filiale mit einer Mitarbeiterin entstand, habe ich den Bezirksleiter angerufen: Frau X will nicht mehr vormittags arbeiten oder nur noch nachmittags arbeiten und so weiter. Das war ja nicht meine Sache, der Bezirksleiter hatte sie eingestellt und hat mit ihr ausgemacht, wie sie arbeiten soll. Also habe ich ihn angerufen: Erledigen Sie das!

Götz W. Werner: Wie mit der Theke!

Erika Michel: Es wurden manchmal Dinge gemacht, die in meine Filiale gar nicht passten. Jetzt musste ich das selber machen. Da wollte ich beispielsweise im Laden etwas umbauen. Damit hatte ich vorher nichts zu tun; Herr Vogelbacher hat das Material bestellt, und ich brauchte mich nicht mehr mit der Sache zu beschäftigen. Nun aber musste ich zum Beispiel lernen, wie unsere Regalteile zusammenpassen und so weiter.

Und dann kam ein ganz wichtiger Schritt: Wir hatten auf einmal Zahlen! Vorher hatte ich zwar auch schon mit Zahlen zu tun gehabt, ich hatte meinen Monatsbericht zu machen. Da habe ich dann meinen Umsatz eingetragen und wie viele Kunden gekommen waren, und am Monatsende habe ich noch die Brutto- und Nettoleistung ausgerechnet. Und das war's. Alle anderen Zahlen hatte mein Bezirksleiter im Koffer; ich wusste nicht, ob ich gut im Babytextilbereich bin oder im Pharmabereich oder wie auch immer. In diese einzelnen Bereiche hatte ich absolut keinen Einblick. Da hieß es jetzt: lernen, mit diesen vielen neuen Zahlen umzugehen. Es hieß auch: lernen, mich so zu organisieren, dass mir Zeit übrig blieb, mich mit dieser Aufgabe zu beschäftigen. Das bedeutete wiederum, mich mit meiner Filiale umzuorganisieren, auch führungsmäßig umzuorganisieren. Da waren viele Seminare und Sitzungen angesagt. Das war schon ein etwas längerer Prozess – und heute ist es eine Selbstverständlichkeit.

Götz W. Werner: Es ist außerdem ein interessantes Phänomen, dass wir just zu diesem Zeitpunkt damals mit anderen Dingen gerade bis zu einem gewissen Punkt gekommen waren: Logistik, Datenverarbeitung und Kostenrechnungswesen. Das war eben nicht strategisch vorgeplant, dass wir etwa gesagt hätten: Da haben wir den Zeitpunkt »Bingen«, und bis dahin wollen wir das und das machen. Nein, das hat sich irgendwie darauf zubewegt, ganz zufällig natürlich auch nicht, aber vielleicht kann man sagen, organisch darauf zubewegt, dass die Dinge dann auch zur Verfügung standen oder gerade eingesetzt waren oder kurz vor der Einführung standen. Das gilt für die Wertbildungsrechnung [monatliche Ergebnisrechnung für das gesamte Unternehmen, differenziert für Regionen, Gebiete, Filialen und die einzelnen Ressorts der Zentrale][8] ebenso wie für unsere Warenwirtschaftssysteme, die gerade so weit waren, dass sie auch Preise wirklich ändern konnten. Das wäre ja alles vorher – auch wenn wir es gewollt hätten – gar nicht möglich gewesen. Fünf Jahre vorher hätte man, wenn man schon die gleichen Einsichten gehabt und die gleiche Evidenz verspürt hätte, sagen müssen: Moment, da müssen wir erst einmal unsere Hausaufgaben machen. Das war schon sozusagen eine Sternstunde für das Unternehmen, dass wir das alles zur Verfügung hatten. Wo man vorher hätte sagen müssen: »Warum braucht ihr das überhaupt?«, da wurde einem plötzlich klar: Ja, das braucht man jetzt!

Thomas Kracht: Sie haben die Wertbildungsrechnung erwähnt, also das Zahlenmaterial, das auch der Filialleitung zur Verfügung steht, wie es Frau Michel in ihrem Beispiel erzählt hat. Wie wurde diese Rechnung entwickelt?

Erich Harsch: In meiner Erinnerung war das damals eines unserer längsten Projekte. Ich kann mich noch gut daran erinnern, dass wir gesagt haben: Wir machen Wertbildungsrechnung und Leistungsberechnung und so weiter – in einem Dreivierteljahr wollen wir fertig sein. Es hat dann fünf Jahre gedauert, es war nicht so, dass das schlagartig fertig war.

Götz W. Werner: Aber zu dem richtigen Zeitpunkt war es fertig. Die Wertbildungsrechnung hatte den Vorlauf schon hinter sich, und man konnte nun mit ihr arbeiten. Das Handwerkszeug war da, ohne dass man vorher schon genau gewusst hat, wofür es im Einzelnen gebraucht wird.

Thomas Kracht: Können Sie das noch genauer schildern: Wie ist vder Prozess gelaufen, was sollte das Ergebnis sein – wie hat sich das entwickelt: die Wertbildungsrechnung?

Götz W. Werner: Die Idee der Wertbildungsrechnung: Ich erinnere mich an ein Seminar in Nürtingen, als Jean-Jacques Sick [Unternehmensberater in Paris] über die Rolle des Unternehmers sprach. Da wurde uns klar, wir brauchen ein Rechenwerk im Unternehmen, wo wir nicht nur die Kosten zuordnen, sondern die *Prozesse abbilden* können. Also in Fachchinesisch gesagt: Wie kommt man zu einer Prozesskostenrechnung? Aber das ist ja eine Wahrnehmungsoberfläche, die da gebildet wird, und es sollte auch eine Darstellung für Menschen werden, die keine betriebswirtschaftliche Schulung haben. Sie sollte also auch gut verständlich sein. Und so fragten wir uns, wie man in einer solchen Rechnung an den hauswirtschaftlichen Verstand unserer Mitarbeiter appellieren und wo sie Eingang finden konnte. Das war uns damals noch nicht bewusst. Und das ist auch etwas Wichtiges bei unserer Wertbildungsrechnung, dass man sie wirklich mit hauswirtschaftlichem Verstand wunderbar handhaben kann.

Klaus Vogelbacher: Ich kann mich daran erinnern: Einmal hat Herr Mescoli von der Geschäftsleitung auf dem MMM-Kongreß die Wertbildungsrechnung dargestellt. Da saßen nun hochkarätige Manager, aber ich denke, die wenigsten haben das wohl verstanden, was wir da mit unserer Wertbildungsrechnung vorhaben.

Götz W. Werner: Ich glaube, sie haben das schon verstanden, aber sie haben den Charme der Sache nicht entdeckt. Es ist ja klar, jemand, der betriebswirtschaftlich geschult ist und sich in dieser

Welt gut auskennt, der sagt sich natürlich: Wenn man will, kann man das auch so machen. Aber warum? Also gut, haben sie sich gesagt, natürlich kann ich sagen »Personalkosten« oder auch »Mitarbeitereinkommen«, kann die entsprechenden Zahlen da oben hinschreiben oder da unten – was soll's, letzten Endes kommt es darauf an, was unter dem Strich rauskommt. Man sieht nicht, dass die Handhabung der Zahlen auch Einstellungen zu den Menschen zum Beispiel widerspiegeln.

Rainer Kloeters: Außerdem: wenn man in einer gehobenen Position ist und die Zahlen kennt – das geht doch auch um Macht! Wer will schon, dass andere die Zahlen kennen.

Erich Harsch: Betriebswirtschaft heißt ja auch: Kosten sparen, während die Wertbildungsrechnung vom Leistungsmanagement ausgeht und vom Transparentmachen der Leistungsströme. Das ist etwas anderes, als immer nur Kosten sparen wollen.

Karl-Martin Dietz: Es wäre andererseits ganz einseitig, einfach zu sagen: Wir machen jetzt alles transparent. Wenn nicht dazukommt, dass die Verantwortung derer, die das lesen, wächst und die Fähigkeiten wachsen, das wirklich zu realisieren. Zahlen sind ja vor allem »gefährlich«, wenn einer sie nicht lesen kann. Da scheint aber bei Ihnen von verschiedenen Seiten Verschiedenes zusammengekommen zu sein.

Erich Harsch: Ich kann vielleicht ein Beispiel erzählen. Was damals entstanden ist nach der Wende von »Bingen«, es wurde schon angesprochen, bedeutete an vielen Stellen eine Verunsicherung. Einerseits wurde von Eigenverantwortung gesprochen, und andererseits war die Verunsicherung groß. Eigenverantwortlich handeln kann ich nämlich nur, wenn ich eine gewisse Sicherheit habe, denn sonst komme ich vor lauter Unsicherheit nicht ins Handeln. Ich denke, das hat dann schon zusammengespielt: die Erkenntnis, dass man Transparenz schaffen und Kommunikation fördern muss und dass die Sicherheit wächst und damit die

Voraussetzung geschaffen wird für das eigenverantwortliche Handeln der Menschen. Ein Beispiel: Im Jahr 1993 hatten wir einmal eine Besprechung. Es ging um Informationssysteme. Da sagte ein Mitarbeiter zu mir: Wir haben gerade Kontakt mit Wissenschaftlern, die wären interessiert daran, mit uns ein Forschungsprojekt in den Filialen durchzuführen. Man könnte ein Mailsystem einrichten und dann beobachten, wie sich das im Unternehmen einfügt. Es gab auch interessante Unterstützungen von Seiten der Forschung. Wir haben das Projekt angefangen, und daraus ist etwas entstanden, schon lange bevor die ganze Welt von E-Mails redete, was in den letzten zwei bis drei Jahren Standard geworden ist. So gelang auch auf der Filialebene eine Kommunikationsbeschleunigung und eine Transparenz, die viel besser war als alles, was wir vorher hatten. Damit war die Möglichkeit gegeben, so miteinander zu kommunizieren, dass bei aller Eigenverantwortung nicht das verloren geht, was ja die andere Seite dieser Veränderung war: dass wir den Vorteil eines filialisierten Unternehmens, Synergien nutzen zu können, kombinieren konnten mit mehr Eigenverantwortlichkeit. Dazu können diese Techniken dienen, ebenso die Wertbildungsrechnung wie das Mailsystem.

Götz W. Werner: Wenn man heute zurückblickt, kann man schon sagen, was man alles braucht, um so einen Schritt zu machen, so eine Umkehrung. Es war ja eigentlich nicht einfach ein Schritt, sondern eine Umkehrbewegung in der Führungsstrategie. Vorher wussten wir das nicht so genau. Aber eines muss man doch schon sagen: Als wir 1978 mit Hellmuth ten Siethoff anfingen, war eines der ersten geflügelten Worte: »Man muss schauen, dass möglichst viele im Unternehmen intelligent im Sinne des Ganzen handeln können.« Das ist ja schon ein gewisser Anspruch, der damals formuliert worden ist, und der hat uns natürlich für diese Art der Fortentwicklung unserer Instrumente im Unternehmen aufgeschlossen gemacht, obwohl wir gleichzeitig noch versucht haben, das Sicherstellungsprinzip bis an die Basis zu perfektionieren. Aber dadurch, dass wir auf diesen zwei Ebenen – in einer Art Doppelgleisigkeit – agiert haben, auf der einen Seite die Sicherstellung perfektionieren, auf der anderen Seite jeden Einzelnen vom Ganzen zu informieren, ihm zur Selbstständigkeit zu helfen, haben wir dann, als wir gesehen haben, so geht das nicht weiter (Beispiel: Ettlingen), auch die Instrumente gehabt. Wenn wir nur in der einen Richtung gearbeitet hätten, dann hätten wir gesagt, das brauchen wir alles gar nicht. Wenn die Mitarbeiter sowieso im Dunkeln sein sollen, dann brauchen wir keine Lichtleitung zu legen. Und als man dann das Licht brauchte, hätten wir keine Infrastruktur gehabt. Aber so hatten wir praktisch aus diesem Denken heraus Infrastruktur und auch soziale Fähigkeiten uns angeeignet, und auf der anderen Seite, als wir dann den Schwenk in Bingen gemacht haben, auch die Instrumente zur Hand.

Erich Harsch: Da war schon eine Spannung zu bemerken, diese Zweigleisigkeit ist ja auch spürbar geworden. Ich kann mich noch gut daran erinnern, dass das oft sehr widersprüchlich schien und auch bei den Mitarbeitern die Glaubwürdigkeit manchmal schon sehr in Frage gestellt war. Es war ein Spagat – da gab es dann schon Reden wie »Wasser predigen und Wein trinken« und so ähnlich. Es ist erst nach Bingen möglich geworden, dass das dann auch glaubwürdig wurde im Ganzen.

Klaus Vogelbacher: Wenn eben Frau Michel gesagt hat: »Ich habe lernen müssen, mit Zahlen umzugehen«, möchte ich noch eines dazu anfügen. Das waren nicht nur betriebswirtschaftliche Zahlen, sondern es kam auch noch die Beschleunigung durch die EDV dazu. Früher haben wir Zahlen in Vertriebszeiten erst am Montag oder Dienstag telefonisch bekommen, und es waren nur Umsatzzahlen. Plötzlich hatten wir Abverkaufszahlen, dann kamen die ersten Wertbildungsrechnungen, und dann kam noch ein Weiteres dazu, was heute gar nicht mehr wegzudenken ist: die Layoutbereichsstrukturanalyse [Darstellung der Umsätze einzelner Layoutbereiche]. Man wusste plötzlich, was macht man mit welchem Sortiment, welche Umsätze, welche Erträge. Und der Filialleiter musste sich auch mit diesen Zahlen beschäftigen und ist heute Sortimentsmanager vor Ort. Herr Werner hat vorhin gesagt, die Filialen waren nicht alle gleich. Man musste nun selber in die Lage kommen, Sortimente zu verkürzen (weniger ist mehr), modulare Sortimente einzulisten. Innerhalb bestehender Sortimente wurde aufgrund der Produktivität im Regal entschieden: Der Artikel dreht sich nicht; ich übernehme die Verantwortung, den Artikel aus dem Sortiment rauszunehmen. Das war damals ein Segen für uns, dass wir diese Instrumente im Sinne der Verantwortung vor Ort dann auch relativ zeitnah zur Verfügung hatten.

Erich Harsch: Wir hätten das alles schon viel früher machen können. Das Interessante daran ist, dass diese Instrumente sich dann erst richtig weiterentwickelt haben, als auch die Gestaltungsmöglichkeit da war. Solange keine Gestaltungsmöglichkeit da war, gab es auch kein Interesse daran, und deswegen hat es sich nicht entwickelt.

Götz W. Werner: Wenn eine Säge nicht benutzt wird, dann rostet das Blatt. Aber man muss doch sagen, das wird mir jetzt erst so richtig klar: Dieses Credo, möglichst jeder im Unternehmen solle intelligent im Sinne des Ganzen handeln können, das hat eigentlich dazu geführt, dass wir überhaupt diese Schritte gemacht haben. Das war eigentlich eine Willensrichtung, die damit ausgelöst worden ist und die dann auch immer unser Handeln bestimmt hat.

Karl-Martin Dietz: Einerseits führt die Erfahrung, die Sie vorhin beschrieben haben, dazu, dass man etwas ändern muss, und dann kommt – sozusagen von der anderen Seite – etwas herein: diese Richtung, die auch nicht in ihren Auswirkungen sofort voll verständlich ist. Und das entwickelt sich aufeinander zu, habe ich Sie so richtig verstanden?

Götz W. Werner: Nein, ich glaube, es geht anders. Man lebt eigentlich in zwei Welten. Wir haben zwei Visionen gehabt. Die eine war: In einem Filialbetrieb kann alles 1:1 laufen, ist total identisch, bloße Reproduktion. Wir haben ja keine Filialen eröffnet, sondern wir haben unser System reproduziert, also das Ganze in den Kopierer gelegt: dann kommt es 1:1 wieder raus. Das hat sich aber bald als Illusion herausgestellt, wie ich schon sagte. Und die andere Vision war, dass wir gesagt haben: Wir wollen das Unternehmen so gestalten, dass jeder im Sinne des Ganzen intelligent handeln kann. Und das führte natürlich mit fortlaufender Professionalisierung auf beiden Ebenen zu einem immer größeren Spagat und damit zu Bewusstsein. Es wurde immer mehr offenbar, dass wir uns entscheiden mussten. Dadurch, dass wir die doppelte Vision hatten, nicht nur auf der einen Seite, hatten wir dann schon das Flussbett gegraben, in das wir das Wasser umleiten konnten. Wir hätten uns in Bingen nicht korrigieren können, wenn wir nur nach einer Richtung gestrebt hätten. Wir hätten das ganze System so ausgerichtet, dass nur die Spitze im Unternehmen die ganze Information gehabt hätte.

Thomas Kracht: Es war die Sensibilität da, beides zusammenzubringen, das ist offenbar ganz entscheidend gewesen. Beide Richtungen hätten ja auch aneinander vorbeilaufen können.

Erich Harsch: Ich glaube, diese eine Vision, dieses »intelligent im Sinne des Ganzen«, war sozusagen überreif. Aber es konnte erst vom Baum fallen, als auch die Gestaltungsmöglichkeit da war. Erst die hat das Interesse der Menschen geweckt. Diese Befruchtung durch das Interesse der direkt betroffenen Menschen ist dann schon notwendig, damit das auch umgesetzt werden und ins praktische Leben kommen kann.

Götz W. Werner: Es ging nicht in einem leichten Zusammenfinden, sondern in einer Zerreißprobe, das wollte ich ausdrücken. Und dazu muss man ja noch sagen: Im Zeitraum 1987, 1988, 1989, 1990 wurde unsere Unternehmensentwicklung immer langsamer. Das kann man ablesen an der Umsatzentwicklung, an der

Entwicklung auf der bestehenden Fläche. Wir haben damals mehr Filialen zugemacht, als wir aufgemacht haben. Wir hatten stagnierende Wachstumsraten. Das war auch eine Vorbereitung für den Umschwung von Bingen.

Karl-Martin Dietz: Frau Reith, Sie sind diejenige in unserem Kreis, die am kürzesten hier im Unternehmen ist. Das heißt, Sie haben die Anfänge dieses Umschwungs nicht mitbekommen, sondern sind erst mittendrin hereingekommen. Wie ist es Ihnen ergangen?

Anja Reith: Ich bin gerade in einer Phase gekommen – im Februar 1996 –, als große Verunsicherung herrschte. Die war deutlich spürbar bei den Filialleitern. Mein Start ging eigentlich so vonstatten, dass ich in die Filiale kam und mir auf der einen Seite nicht gesagt wurde, was *dm-drogerie markt* überhaupt ist. Ich habe gar keinen Anhaltspunkt bekommen, was *dm* überhaupt für ein Unternehmen ist. Und auf der anderen Seite habe ich dann im Nachhinein vom Gebietsverantwortlichen erfahren, was alles bei mir falsch gelaufen sei. Es ging so: einerseits Bandbreiten aufzeigen und mal so ein bisschen was an die Hand geben, mit dem man loslaufen kann, ein bisschen Sicherheit vermitteln. Aber auf der anderen Seite haut dann der Gebietsverantwortliche mit dem Hammer drauf auf alles, was falsch gelaufen ist. Da war ich verunsichert: Was darf ich eigentlich selber als Filialleiter tun, wo sind meine Grenzen, was soll ich jetzt tun, was darf ich nicht?

Damals war es für mich eine sehr merkwürdige Situation. Ich habe auch in der ersten Zeit den Unterschied zu anderen Unternehmen nicht so lebhaft empfunden, weil ich zunächst so gearbeitet habe, wie ich es kannte. Der Unterschied ist erst wieder erkennbar geworden, als ich mich mit Studienkollegen ausgetauscht habe und gehört habe, wie es in anderen Unternehmen läuft. Ich habe dann gesagt, nein, das darf ich alles, da gibt es bei uns keine Einschränkung – je länger ich dabei war, desto spürbarer wurde dann auch der Unterschied für mich. Aber zuerst gab es für mich die Verunsicherung. Dazu gehörte auch – ich war in der Phase der Einarbeitung –, dass ich der Filialleiterin nicht in die Karten schauen durfte, auf der anderen Seite aber sollte man trotzdem alles machen können – als Stellvertreterin. Später als Filialleiterin gab es einmal eine Situation, an die ich mich auch gut erinnern kann: Eine Filialleiterkollegin, die schon lange im Unternehmen ist und den ganzen Umschwung auch miterlebt hatte, war mit mir in der Filiale. Es war Rundfahrt mit dem Gebietsverantwortlichen und dem Regionalverantwortlichen, und wir standen in der Filiale und haben einen Warenpräsentationsaufbau besprochen. Wir haben uns einfach ganz normal unterhalten. Später sagte die Filialleiterin zu mir: »Dass Sie sich getraut haben, da zu widersprechen.« Ich sagte: »Wie – zu widersprechen?« »Ja, Sie haben doch Ihrem Regionalverantwortlichen widersprochen.« Und ich sagte: »Wir haben uns doch nur ausgetauscht.« Ich habe das in diesem Moment überhaupt nicht verstanden, weil ich dachte, ich habe doch überhaupt nichts Verbotenes getan. Aber in dem Moment war eben noch ganz deutlich das alte Hierarchiedenken bei der Kollegin spürbar. Was der Regionalverantwortliche oder Gebietsverantwortliche sagt, da fährt die Bahn drüber, das muss gemacht werden. Da bin ich dann erstmals aufgewacht, da habe ich gemerkt, dass bei *dm* etwas völlig anders läuft, als es sonst üblich ist.

Karl-Martin Dietz: Filialleiter, mit denen wir sprechen, die jetzt ins Unternehmen kommen und vorher in einem anderen Unternehmen waren, beschreiben das oft als Schock. Oft wussten sie es oder ahnten es vorher und sind deswegen zu *dm* gekommen. Aber es wird immer wieder erzählt, wie unvergleichbar es ist mit dem, was sie vorher bei anderen Unternehmen erlebt haben.

Anja Reith: Es ist interessant. Wenn man darüber spricht und sich mit Mitarbeitern austauscht, die aus anderen Unternehmen kommen, dann sagen sie: Ja, das läuft bei uns auch so, wenn man von Verantwortung spricht. Verantwortung übernehmen dürfen wir auch. Das können aber zwei völlig verschiedene Dinge sein: Wenn wir von Verantwortung sprechen, dann meinen wir auch Verantwortung. Man kann aber von Verantwortung sprechen und es ist eine Worthülse, da steckt nichts dahinter. Das merken Sie dann sehr schnell, wenn Sie tatsächlich im Unternehmen sind. Ich vergleiche das immer so: In manchen anderen Unternehmen gibt es zwei Holme, an denen ich mich rechts und links festhalten kann; ich kann zwischendrin entlanglaufen, und ich kann nicht rechts und links umfallen. Bei uns gibt es allenfalls Bindfäden, und man kann mal nach links laufen und mal nach rechts laufen. Es ist schon irgendwo eine Grenze da, aber das ist doch ein deutlicher Unterschied!

Karl-Martin Dietz: Nach dieser anfänglichen und verständlichen Verunsicherungen haben Sie aber irgendwie sicheren Stand im Unternehmen bekommen, was man ja auch daran sieht, dass Sie heute hier sitzen. Können Sie beschreiben, wie sich diese Sicherheit eingestellt hat?

Anja Reith: Sicherheit verspürte ich erst einmal nicht. Ich habe zunächst gearbeitet nach bestem Wissen und Gewissen. Den Kollegen ging das ähnlich. Die Sicherheit ist für mich erst in der Einarbeitung als Gebietsverantwortliche gekommen, als ich verschiedene Einblicke ins Unternehmen bekommen habe. Vorher war ich in der Filiale, der Blick war in eine Richtung gelenkt. In der Einarbeitung als Gebietsverantwortliche hatte ich dann die Möglichkeit, in verschiedene Bereiche des Unternehmens reinzuschauen. Erst da entstand eigentlich für mich die Sicherheit: Da geht's lang und das kann man machen und da kann man sich einsetzen.

Karl-Martin Dietz: Da haben Sie gemerkt, dass der Wahnsinn Methode hat, um mit Shakespeare zu reden.

Anja Reith: Ja, genau. Die Zeit von Beginn der Stellvertretung bis zur Übernahme der Gebietsverantwortung war sehr kurz, es waren nur zwei Jahre. Das mag auch eine Rolle gespielt haben. Die richtige Sicherheit kam dann erst in der Einarbeitungsphase, wo ich die Zusammenhänge erkennen konnte.

Karl-Martin Dietz: Was versuchen Sie heute den Filialleitern mitzugeben im Hinblick auf Führung?

Anja Reith: Neuen Mitarbeitern versuche ich ein Grundhandwerkszeug mitzugeben: was *dm* für ein Unternehmen ist und wie die Zusammenhänge im Unternehmen sind. Ich glaube, das ist ganz wichtig, um einen Einstieg zu finden. Man kann dann auch selber erkennen: Das eine interessiert mich vielleicht etwas mehr, da kann ich tiefer einsteigen und möglichst viele Informationen besorgen. Ich glaube, das war auch etwas, das sich im Laufe der Zeit entwickelt hat, dass Informationen vorher relativ gut behütet waren bei wenigen Personen. Ich habe das am Anfang als stellvertretende Filialleiterin in der Filiale so kennen gelernt, dass die Filialleitung die Informationen ganz wohl behütet gehalten hat, und das versuche ich jetzt in meiner neuen Aufgabe anders zu machen. Ich möchte möglichst viele Informationen weitergeben, um transparent zu machen, warum Dinge so sind, wie sie sind. Das ist im Laufe der Zeit gewachsen, dass man sich jetzt auch traut, Informationen weiterzugeben und nicht damit hinter dem Berg zu halten.

Karl-Martin Dietz: Die Kunst wird sicher sein, vieles weiterzusagen, doch so, dass das nicht als Tagesbefehl verstanden wird. Wenn das gelingt, dann hat man ja dieses Freiheitspotential, von dem vorhin die Rede war, dieses Selbständigkeits-Potential, erreicht.

Anja Reith: Wobei es natürlich wieder Extreme gibt. Welche Information brauche ich tatsächlich für meine tägliche Arbeit? Da kommt ja immer wieder auch dieser Aufschrei: Wir werden überschüttet mit allem Möglichen. Man muss auch wirklich lernen zu beurteilen: Welche Information ist für mich jetzt genau die, die ich wirklich brauche?

Karl-Martin Dietz: Nun noch eine weitere Frage: Wir haben ja vorhin versucht zu verstehen, worin das Neue und das Besondere der Unternehmenskultur bei *dm-drogerie markt* besteht. Das war gar nicht so leicht zu sagen. Wir haben das historisch entwickelt, dann ging es etwas leichter. Wenn man es einfach so sagt, dann kommt sehr leicht das, was Sie zu Recht Worthülse nennen. Irgendetwas wird gesagt, man versucht, sich daran zu halten, aber was dahinter steckt, weiß man noch nicht. Auch Herr Vogelbacher und Frau Michel haben es beschrieben: Es war zunächst notwendig, sich selbst zu orientieren, sich selbst sattelfest zu machen in diesen neuen Verhältnissen, die nun nicht mehr so außengelenkt waren wie vorher, die nicht so systematisch waren wie vorher. Eine eigene, innere Sicherheit also musste gewonnen werden. Um es paradox zu formulieren: Die äußeren Verhältnisse, die Verhältnisse des Arbeitsplatzes sind so geworden, dass ich deutlich merke, ich muss *eigene* Sicherheit gewinnen, da kann ich nicht einfach den Vorgesetzten fragen, das wäre ja widersprüchlich. Ich muss mich nun umsehen, mich selber informieren, mich mit anderen besprechen. Nun meine Frage: Informationsaustausch gibt es ja überall, das ist für sich ja noch nichts Besonderes. Worin besteht das Besondere beim Austausch in einer Unternehmenskultur, wie Sie sie praktizieren wollen?

Anja Reith: Ich denke, dass man selber die Verantwortung übernehmen kann für das, was man tut. Dann aber muss man nicht als Einzelkämpfer allein dastehen und über einen schmalen Gang laufen, wo man nicht nach rechts und links schauen darf, sondern wo man sich wirklich austauschen kann, um auch selber wieder seine Richtung zu korrigieren. Ich glaube, das ist ein sehr, sehr wichtiger Punkt, und das habe ich am Anfang meiner Zeit bei *dm-drogerie markt* auch so erlebt. Da hat schon jeder selber gemacht, was er für richtig gehalten hat. Ich kann mich noch gut an meine erste Filialleiter-Sitzung erinnern. Wenn ich hörte, was die, die schon lange Filialleiter waren, so erzählt haben, dann glaubte ich, völlig fehl am Platz zu sein. Ich sagte mir: Das kann ich alles gar nicht. Wenn die anderen aufgezählt haben, wie die Filiale toll läuft und was da alles glänzend ist, dann habe ich gedacht: Also, in meiner Filiale läuft das nicht so, da mache ich wohl etwas falsch. Ich habe dann auch angefangen, an mir selbst zu zweifeln. Bei einem Besuch in einer anderen Filiale habe ich dann aber recht deutlich gemerkt: So verkehrt bin ich doch nicht am Platz. Zu sehen, der macht es genauso, gibt ein Stück Sicherheit; oder auch zu sehen, der macht etwas, womit ich mich gar nicht anfreunden kann, ist auch wieder ein Stück Sicherheit. Und ich sage mir dann: Ich mache es ganz bewusst ganz anders. Ich finde diesen Austausch sehr wichtig.

Karl-Martin Dietz: Nach meiner Beobachtung ist auch die gegenseitige Aufrichtigkeit gewachsen. Wenn jemand von seiner Filiale erzählt, ist es nicht immer eine Erfolgsmeldung – das wäre ja ganz unfruchtbar.

Klaus Vogelbacher: Ich habe das auch so erlebt, dass am Anfang der Gebietsverantwortliche genau wie der Filialleiter eine gewisse Einzelkämpferfunktion hatte. Erst heute ist die Situation eingetreten, dass beispielsweise beim Gebietsverantwortlichen ein stärkerer Kontakt mit den Kollegen – auch über die Regionen hinaus – sich entwickelt, dass man an Sitzungen anderer teilnimmt und Fragen stellt: Wie macht ihr das zum Beispiel mit der Planung oder mit dem Mitarbeitereinkommen? Es ist wichtig, dass man da einfach mal einsteigt und sagt: Komm, lass uns mal beraten. Wichtig ist beispielsweise auch, dass in den »Marktplätzen« [unter lokalen Gesichtspunkten gebildete Einheiten mehrerer Filialen innerhalb eines Gebietes], die jetzt etabliert sind, sich die Filialleiter auch rhythmisch alle sechs bis acht Wochen treffen und sich untereinander beraten: Wie hat das jetzt bei dir geklappt mit dem Weihnachtsgeschäft, wie hast du das mit der Paybackkarte gemacht, wie hast du das mit dem Prozess gemacht, wie kommst du mit deiner Layouterweiterung klar und so weiter. Da finden auf verschiedenen Ebenen Beratungsgespräche statt, weil man heute einfach den Kollegen braucht, dessen Impuls und dessen Idee und Kreativität aufnimmt und sagt: O ja, sehr gut, das kann ich auch für meine Filiale nutzen.

Karl-Martin Dietz: An die Stelle von Hierarchie ist in dieser Hinsicht nicht nur individuelle Autonomie getreten, sondern auch Zusammenarbeit.

Klaus Vogelbacher: Das Lernen vom andern ist ganz wichtig geworden.

Götz W. Werner: Ja gut, aber das ist keine Strategie, sondern eine Folge, die sich natürlich für den Einzelnen daraus ergibt, dass er jetzt plötzlich das Gefühl der Unsicherheit und des Alleingelassenseins hatte.

Karl-Martin Dietz: Ich habe überhaupt den Eindruck, dass es nicht darum geht, wie mache ich mein Unternehmen erfolgreich, und dazu müssen dann auch die Mitarbeiter zufrieden sein. Das wäre ja das übliche Mittel-zum-Zweck-Denken, das man auch sonst kennt. Sondern die Frage lautet anders: In welche Lage müssen die einzelnen Menschen kommen, welche Fähigkeiten brauchen sie, um ihr *Leben erfolgreich führen zu können?* Und dazu gehört dann auch der Erfolg im Beruf und damit auch für das Unternehmen.

Götz W. Werner: Man könnte das auf die Spitze treiben, Herr Dr. Dietz, indem man sagt: Wie bringt man es fertig, dass jeder, der in unserem Unternehmen mitarbeitet, konstruktiv unzufrieden sein kann?

Karl-Martin Dietz: Der Erfolg des Unternehmens ist Folge und nicht Zweck?

Götz W. Werner: Ja, Folge der Suche aus konstruktiver Unzufriedenheit nach besseren Lösungen. Und das, was daraus resultiert, ist dann der Erfolg des Unternehmens.

Karl-Martin Dietz: Unzufriedenheit gilt dabei als Fortschritt und nicht als Opposition?

Götz W. Werner: Ja, ich habe einmal darüber geschrieben: über die Dissenskultur – aber nicht im Sinne von Streitkultur. Es war so gemeint, dass man sich befruchtet, ergänzt.

Erich Harsch: Das kann ja nur passieren, wenn die Menschen ein wirkliches Interesse an der Arbeit haben. Sonst funktioniert das nicht. Die Menschen müssen sich irgendwie damit verbinden und Interesse entwickeln, und aus dem Interesse heraus kommt dann auch die konstruktive Unzufriedenheit. Wenn mich etwas nicht interessiert, dann entwickle ich keine konstruktive Unzufriedenheit.

Götz W. Werner: Ich möchte es wieder am Beispiel der Filiale in Ettlingen verdeutlichen: Was ist da passiert? In einem Fall sagt die Filialleiterin: Wofür habe ich den Bezirksleiter, der soll sich gefälligst darum kümmern; im anderen Fall sagt die Filialleiterin: Die Truhe bewegt sich, was mache ich jetzt? Das ist einfach Einsicht in die Notwendigkeit. Zu sagen: Auf mich kommt es an, wenn ich jetzt nichts mache, dann macht niemand etwas – das ist eigentlich der Punkt. Man muss sich sozusagen selbst den Rückweg abschneiden.

Karl-Martin Dietz: Das ist eine Identifizierung mit der Sache und nicht mit dem Vorgesetzten. Das Interesse stellt sich auf eigene Füße und wendet sich der Sache zu. Die Frage ist nicht mehr: Findet der Vorgesetzte das gut? Sondern jetzt ist die Frage: Ist das, was ich mache, der Sache dienlich?

Götz W. Werner: Man kann es auch anders ausdrücken: Bisher war ich es gewohnt – ich bleibe bei der Filialleiter-Bezirksleiter-Beziehung –, wenn ich den Bezirksleiter frage, bekomme ich eine Antwort. Plötzlich merke ich, wenn ich dem Bezirksleiter ein Problem schildere, bekomme ich eine *Frage* gestellt. Also dieser Umschwung vom Fragenbeantworten zum Fragenstellen – darauf kommt es an, man kommt sozusagen vom Push zum Pull, vom Direktor zum Evokator, von der Fragenbeantwortung zur Fragenstellung.

Erika Michel: Das möchte ich unterstreichen aus meiner Filialerfahrung. Wenn man nicht Antworten von anderen holt, sondern selber überlegen muss, wie man ein Problem löst, sich etwas einfallen lassen muss, wenn die Tür klemmt oder die Beleuchtung nicht funktioniert – da kommt man auf Einfälle! Man hat jede Menge dazugelernt, mir ging das auf jeden Fall so. Man hat auf einmal in ganz anderer Weise gedacht und gelebt, denn es gab ja immer jemanden, den man um Hilfe gerufen hat. Ich erinnere mich noch an die ersten Einstellungsgespräche. Das war schlimm, ich habe gedacht, hoffentlich machst du das auch richtig. Und hinterher habe ich gedacht, die Leute, die ich eingestellt habe, die passen wenigstens zu uns.

Götz W. Werner: Was nun weiter geschehen kann, ist, dass Frau Michel in ihrer Not sagt: Da rufe ich eben mal die Kollegin Soundso an, wie macht die das eigentlich? Ich muss es ja nicht genauso machen, aber ich komme so vielleicht auf eine Idee. Und das ist es, was die »horizontale« Kommunikation in unserem Unternehmen so beflügelt und dann dazu geführt hat, dass so etwas wie Marktplatzsitzungen auch wirklich gesucht und gemacht, nicht nur angeordnet, sondern auch gewollt und mit Leben erfüllt werden.

Karl-Martin Dietz: Beratung wird Führungsinstrument?

Götz W. Werner: Nein, schaue ich mich nach Beratung um, dann ist das kein Führungsinstrument, sondern dann entsteht Zusammenarbeit. Was entstand denn früher, als Frau Michel einfach sagte: Das kann mir alles wurscht sein, die Hauptsache ist, ich gefalle dem Bezirksleiter?

Erika Michel: Heute ist es so, dass man sich zu fragen traut und dass eine ganz andere Offenheit zwischen uns herrscht. Wenn ich mich jetzt sechs Jahre zurückversetze, in die Zeit, als ich Gebietsverantwortliche wurde: Was hatte ich für eine Angst vor den anderen Gebietsverantwortlichen! Ich hätte mich nicht getraut, irgendeinen Kollegen etwas zu fragen; ich habe immer über den Unterlagen gebrütet, vielleicht den Regionalverantwortlichen angerufen oder Herrn Werner gefragt oder wie auch immer – aber es war mir nicht möglich, einmal einen Kollegen zu fragen: Wie gehen Sie denn damit um, was haben Sie denn für eine Erfahrung gemacht? Ähnlich war es auch unter den Filialleitern, da hat man gedacht: Hoffentlich merkt das keiner, dass ich das nicht kann oder das nicht weiß, oder hoffentlich kann ich Antwort geben, wenn der Kollege fragt. Einzelkämpfer! Das ist heute wirklich ganz anders, heute rufe ich jeden an, ich rufe auch Herrn Kloeters an oder sonst irgendwen, wenn ich ein Problem habe. Aber das war auch ein Lernprozess: Ich denke, das ist wirklich so entstanden, wie Herr Werner sagt, als eine Folge.

Götz W. Werner: Folge davon, dass das genannte Vakuum entsteht. Wenn der Bezirksleiter früher fleißig war, hat er der Filialleiterin 15 Sachen angewiesen, von denen sie sowieso nur zehn geschafft hat. Es war immer so eine Art Anweisungs-Overkill im Raum. Es ist ja nie ein Vakuum entstanden, die Filialleitung war immer in einer Drucksituation. Sie hat sich gesagt, der Bezirksleiter war da, 15 Sachen hat er mir in mein Gebetbuch geschrieben, mein Bezirksleiterbuch, was ich alles machen soll – hoffentlich kommt der nicht so bald wieder, ich bin erst bei Nummer sieben gelandet. Totale Fremdsteuerung! Und jetzt plötzlich ist man allein und es sagt einem keiner, was genau zu tun ist, und man hat die liebe Not, damit fertig zu werden. Dadurch entsteht sozusagen originär Beratung, nicht als Instrument, sondern als Folge. Nicht als Anwendung für, sondern als Folge von: Dass ich jetzt plötzlich in einem Vakuum bin und den Raum selbst ausfüllen muss.

Klaus Vogelbacher: Ich möchte an dieser Stelle von der dazugehörigen Gegenseite berichten: Was haben die Mitarbeiter früher für eine Angst gehabt, sich um Personalangelegenheiten zu kümmern und selber Einstellungen zu verantworten. Es passiert mir heute als Gebietsverantwortlichem, ich habe das gerade wieder erlebt, dass ich einen Anstellungsvertrag auf den Tisch bekomme. Ich kenne den Menschen gar nicht, weil ein Filialleiter das Einstellungsgespräch geführt hat und sich gesagt hat: Das ist genau mein Kandidat, mit dem spreche ich, ich fordere einen Vertrag an und den unterschreibe ich, und der Herr Vogelbacher bekommt den Vertrag zur Kenntnis. Die Verantwortung hat der Filialleiter übernommen.

Erika Michel: Oder es geht so weit, dass die Filialleiter bei mir ein Beratungsgespräch anfordern.

Erich Harsch: Ich kann mich noch gut daran erinnern: Als ich 1992 in die GLK gekommen bin, da hat sich kaum einer getraut zu widersprechen – das war ein Problem quer durch alle Ebenen des Unternehmens, das war auch in der GLK so.

Erika Michel: Ich kann es auch an Rundfahrten mit Herrn Werner messen: Früher konnte ich kaum ein fruchtbares Gespräch führen, vor lauter Aufregung, ob das wohl alles gut ist, was ich gemacht habe. Heute sage ich: Hoffentlich fährt er mal bald wieder mit mir, damit ich so das eine oder andere erfahren kann, was Herr Werner anders sieht, als ich das draußen sehe. So hat sich das verändert.

Erich Harsch: Aber seit er eine eigene Region hat, hat er halt keine Zeit mehr.

Götz W. Werner: Ich kriege wieder Zeit, keine Sorge.

Erika Michel: Ohne Witz, das ist ein ganz anderes Miteinander!

Anja Reith: Was wir jetzt alles beschreiben, sehe ich in meinem Gebiet tagtäglich ganz deutlich. Wir machen ja verschiedene Entwicklungsprozesse durch. Weil ich in letzter Zeit sehr stark expandiert habe, sehr viele neue Mitarbeiter habe, ist jetzt im Moment für mich als Gebietsverantwortliche eine deutliche Differenz zu spüren zur Anfangsphase meiner Tätigkeit, wo ich nur ganz wenige Filialen hatte, die ich intensiv betreuen konnte. Seitdem haben wir, die Filialleiter und auch ich selber, einen Riesenschritt gemacht. Die Beratung durch mich nahm ab, weil ich nicht mehr so oft in die Filialen kommen kann, da helfen sich die Filialen untereinander. Nun gibt es einen interessanten Unterschied: Die Mitarbeiter in den älteren Filialen sind jetzt natürlich schon ein Stück weiter als die Mitarbeiter, die neu dazustoßen. Da kommt es schon manchmal vor, dass gesagt wird: Ja, der Gebietsverantwortliche hat das und das gesagt, das muss man jetzt machen. Da wird man dann wieder an den Anfang zurückversetzt, man merkt, da ist noch das alte Hierarchiedenken, gerade bei den neuen Mitarbeitern, die von anderen Unternehmen kommen. So muss man oft bei neuen Mitarbeitern wieder von vorne anfangen.

Karl-Martin Dietz: Was das Unternehmen als Gesamtentwicklung durchgemacht hat, das ist also bei der starken Expansion und Zunahme der Mitarbeiter heute täglich neu zu sehen.

Weiterentwicklung nach Bingen

Thomas Kracht: Wir haben jetzt die ganze Zeit über Filiale und Filialleitung gesprochen, und es war ja auch so, dass nach Bingen zunächst die Filialleitung im Mittelpunkt stand. Inzwischen sind Sie aber weiter, und jetzt betrifft die Veränderung längst nicht mehr nur die Filialleitung. Herr Werner hat vorhin gesagt, jeder im Unternehmen sollte eigentlich in die Lage versetzt sein können, allein schon durch die Art, wie er mit anderen zusammen arbeiten kann, konstruktiv unzufrieden zu sein, sich selbst auf den Weg zu machen, selbst Initiative zu haben, Ideen entwickeln und zu ihrer Verwirklichung auch die Möglichkeit haben. Ich denke, an diesem Punkt hat sich doch einiges getan, seit es hieß: »Filialen an die Macht«. Was ist denn geschehen seit dieser Zeit? Wie weit ist man gekommen? Das ist zunächst ein Ideal, und man kann sagen: Das ist wunderbar, das sollte eigentlich jeder können! Aber kann das jeder? Man hat in einem Filialunternehmen natürlich zuerst einmal die Filialen im Blick, aber es steht ein großer Apparat in einem solchen Unternehmen für die Filiale bereit: die Zentrale zum Beispiel – wie sieht das denn heute aus?

Rainer Kloeters: Die Zentralabteilungen wurden früher immer »in den heiligen Hallen« gesehen. »Die in der Zentrale« war so ein geflügeltes Wort, oder »die in Karlsruhe«. Das war so unantastbar, das war etwas Großes. Als wir dann die ganzen Umstrukturierungen angefangen haben, haben wir auch die Filialleitermeetings eingerichtet. Das war nochmals ein großer Schritt, dass wir gesagt haben, die Filialleiter einer Region kommen einmal im Jahr zu einem Filialleitermeeting in Karlsruhe zusammen. Und dann haben die Zentralabteilungen für die Kollegen aus den Filialen da zu sein. Da habe ich damals schon erlebt, wie schwer es für viele ist, diese Hürde zu nehmen. Ich war ja damals noch bei der Abteilung M+B (Marketing und Beschaffung), und das Sortiment war ja sowieso etwas Heiliges ... Nun hat man gesehen, dass der Heiligenschein auf einmal weg war und dass es dann sogar zu einer Auseinandersetzung kam. Ich denke, da hat sich doch einiges bewegt: Dienstleistung anzubieten für die Filialen ist die zentrale Aufgabe, wir arbeiten für die Filialen. Ich glaube, das war schon ein wichtiger Schritt.

Erich Harsch: Der Zentrale die Arroganz auszutreiben, das war ein jahrelanger Prozess.

Götz W. Werner: Früher hatten wir ein sehr starkes Bewusstsein davon, was andere zu leisten haben; und heute haben wir auch ein Bewusstsein davon, was wir selbst zu leisten haben für die anderen. Es hat sich tendenziell ein Bewusstsein für den Leistungsaustausch verbreitet. Die interne Kundenbeziehung ist dadurch bewusst geworden. Man kann aber nicht sagen, dass die Veränderung bei den Filialen angefangen hat. Eher kann man sagen, dass es in den rückwärtigen Bereichen angefangen hat – aber erst, als der Umschwung in den Filialen Platz gegriffen hat, wurde es dann auch für die Zentrale real. Dann wurde es wirklich real, weil ja plötzlich auch die Menschen in der Zentrale festgestellt haben: Halt mal, in den Filialen hat sich etwas verändert!

Klaus Vogelbacher: Ich glaube, das war ein sehr wichtiger Punkt. Mit der Selbstständigkeit ist auch der Mut draußen in den Filialen gewachsen, einmal den Menschen in der Zentrale den Spiegel vorzuhalten und zu sagen: Ich bin da nicht mit einverstanden, ich erwarte im Sinne der Vorleistung, die in der Wertbildungsrechnung für alle durchsichtig abgebildet wird, eine gute Leistung, und ich akzeptiere nicht, was da passiert ist. Das ist in der Art der Zusammenarbeit heute schon spürbar. Leider gibt es noch zu wenige Mitarbeiter, die sich energisch melden, wenn sie mit solchen Unzulänglichkeiten konfrontiert sind.

Erika Michel: Das kann ich bestätigen, was Herr Kloeters gesagt hat: Früher war das Heiligtum hier in Karlsruhe. Es hat ja Jahre gedauert, bis ich mal nach Karlsruhe kam. Was die hier in Karlsruhe sagen, das ist richtig, so habe ich mir das im fernen Koblenz vorgestellt. Heute sind wir immerhin so weit zu denken, dass auch das, was die Filialen sagen, richtig sein kann.

Thomas Kracht: Offenbar ist diese »Doppelgleisigkeit«, wie Herr Werner das nannte, jetzt aufgehoben, dass man auf der einen Seite sich beschäftigt mit Führungsfragen, auf der anderen Seite durch die rasche Unternehmensentwicklung sich zur Reorganisation und so weiter gezwungen sieht. Heute geht es zusammen, man versucht, wenigstens mit dem Bewusstsein dabei zu bleiben. Wir haben in unseren Seminaren in den letzten Jahren ein starkes Bedürfnis verspürt, uns aufzuklären darüber: »Empfehlung« – was heißt das eigentlich? Was ist das, was wir da machen, wenn wir »empfehlen« wollen, können wir uns darüber mal verständigen? Es hat da offenbar manche Verwirrung und »Ausprobieren« gegeben. Da sah ich auch eine Entwicklung in den letzten Jahren.

Anja Reith: Ich denke, dass oft mit bloßen Wörtern hantiert wurde, »Empfehlung«, »Anweisung« et cetera, mit Worthülsen – und das eigene Vorleben war etwas anderes. Da gab es irgendwo wieder so eine Spannung. Auf der einen Seite gab es die Wörter, und man fragte sich: Wie mache ich es jetzt richtig, ist das jetzt eine Empfehlung und so weiter. Aber es ist ja egal, wie man das nennt, ich denke, man muss sich selbst erst bewusst werden, was man will. Das war auch ein ganz starker Prozess, ein Weg, den wir verstärkt in den letzten anderthalb Jahren gegangen sind. Einfach erst einmal selbst zu wissen, was will ich überhaupt, wie soll das für mich persönlich aussehen? Und der Moment, wo ich mir sagen kann: Das ist jetzt genau die Richtung, die ich für mich persönlich gehen will. Dann kann ich es auch vorleben, und dann ist für den anderen auch erkennbar, ob ich etwas im Sinne einer Empfehlung meine oder im Sinne einer Anweisung. Gibt es da Möglichkeiten, gibt es da Spielräume oder gibt es keine? Dann sind die Ausdrücke eher untergeordnet. Am Anfang standen diese noch im Vordergrund, man hat sich so an den Schlagwörtern festgehalten. Das ist jetzt völlig in den Hintergrund getreten. Ich spüre das einfach im Umgang mit den Mitarbeitern in der Filiale. Ich bin mir auch selber klar geworden: Will ich das jetzt so sagen, dass ein Spielraum da ist im Sinne einer Empfehlung, oder ist es eine klare Anweisung? Einfach auch in der Art, wie ich es weitergebe, ist es für die anderen erkennbar, weil ich mir selbst darüber im Klaren bin. Das war vorher oft nicht der Fall. Man hat halt etwas gesagt, hat es tituliert, es wurde dann auch oft eine Empfehlung gegeben mit einer hinterhergeschobenen Anweisung. Eigentlich habe ich Empfehlung gesagt, aber eine Anweisung gemeint – so ein Verschwimmen von allem. Wie gesagt: Ich glaube, da ist in den letzten anderthalb Jahren – gerade bei uns Gebietsverantwortlichen – ein Riesenschritt von jedem Einzelnen gegangen worden. Jetzt ist auch die Kommunikation innerhalb der Filialen einfacher.

Thomas Kracht: Das ist ja auch ein Grund, warum wir heute hier zusammensitzen: Bewusstseinsbildung.

Vielleicht sollten wir nun zum letzten Aspekt der Sache übergehen: Was wird denn in Zukunft erwartet von uns? Wie soll es weitergehen? Was soll die Entwicklung noch bringen? Nicht im Sinne eines Masterplans, das ist klar, denn der ganze Rückblick hat ja gezeigt: Alles ist nicht so entwickelt worden, dass man irgendwie strategisch vorgegangen ist, man schreibt ein Ziel fest und schaut mal, wie man es in die Praxis umsetzt. Es war vielmehr oft so: Aus der Praxis kommt etwas, das man schon angefangen hat. Wie wird sich das weiterentwickeln, oder was wäre da zu wünschen?

Erika Michel: Wie sich das weiterentwickeln wird, das kann ich nicht wirklich sagen. Aber mein Wunsch wäre, dass wir die angefangene Entwicklung nicht einschlafen lassen. Es hat sich ja schon vieles verändert, das ist klar, man hat ein ganz anderes Verhältnis zu den Kollegen bekommen. Nun können wir viel offener miteinander umgehen, uns öfter treffen, wie Herr Vogelbacher gesagt hat.

Karl-Martin Dietz: Es kommt hinzu, dass innerhalb der Filialen vieles im Aufbruch ist.

Erich Harsch: Also, ich glaube, wir sollten uns nichts vormachen: Wir sind da noch am Anfang, zum Beispiel, weil wir noch immer viele Filialen haben, wo sich noch viel bewegen kann. Ich glaube auch, in diesem Geist, aus dem wir uns jetzt doch schon einige Zeit bewegen, entstehen immer neue Dinge. Wir hatten gerade vor kurzem Regionsbesprechung, da ging es um die Frage der Revision: Wir haben vor einem Dreivierteljahr das »Amt« der Revision abgeschafft, weil wir gesagt haben, das können wir doch viel besser in Eigenverantwortung der Filialleiter untereinander organisieren, auch wieder weniger als Kontrolle denn als Beratung. Nicht mehr irgendeine zentrale Stelle macht Revision, sondern Kollege A bei B, B bei C und so weiter. Revision wird dann etwas anderes. Das ist eine erst vor kurzem entstandene Sache, und ich glaube, es gibt noch viele Felder, wo das eigenverantwortliche Handeln Früchte bringen kann, wo wir auch noch ganz am Anfang sind. Wir gehen Schritt für Schritt voran, bis hin zu den Themen Mitarbeiterbesprechung in den Filialen, regelmäßige Zielfindungsgespräche etwa (»Zielfindung im Team«) – das sind ja auch Dinge, wo wir noch weit entfernt sind zu sagen, es gibt eine vernünftige Mitarbeiterbesprechungskultur in unseren Filialen. In einigen Filialen ja, aber nicht in der Mehrzahl der Filialen. Es gibt verschiedene Gründe, warum das noch nicht geht, wo man noch nicht so den Weg gefunden hat, wie es zu ermöglichen wäre. Dazu gehört zum Beispiel, dass eine Filiale für eine andere einspringt, damit die eine vernünftige Mitarbeiterbesprechung machen kann und nicht abends von 20.30 Uhr bis Mitternacht nach einem Arbeitstag.

Klaus Vogelbacher: Zur Zeit spielt das Thema Kreativität eine große Rolle. Ich habe es gerade vor kurzem erlebt. Als wir uns bei einer Mitarbeiterbesprechung über das Thema Layouterweiterung unterhalten haben, hat jeder zu mir gesagt: Sagen Sie mal, wie ich diese vier Meter in meine Filiale hineinbekomme? Dann habe ich geantwortet: Jetzt drehen wir es mal um. Machen Sie sich doch Gedanken, wie Sie diese vier Meter finden. Geht nicht gibt es nicht! Das Ergebnis: Ich habe nur in drei Filialen von 36 Filialen die Situation, dass wir diese Layouterweiterung tatsächlich nicht durchführen können. Wenn es eng wird und knapp, wird man am kreativsten.

Was ich noch zu dem Thema Entwicklung anführen wollte: Ich bin dankbar für das, was ich aus dem dialogischen Workshop (in Dresden, im Jahr 1997, mit Herrn Dietz) für die Zukunft mitgenommen habe. Wir sind noch nicht am Ende, im Gegenteil – wir sind erst auf der ersten Stufe einer Pyramide, wo mit Sicherheit noch viele Stufen kommen. Aber ich glaube, es ist vor allem wichtig, diese Flamme am Brennen zu halten und zu schauen, dass daraus ein Flächenbrand entsteht und dass sich das bis in alle Filialen hinein fortsetzt. Hier sind wir – meines Erachtens – bei der Filialleitung und vielleicht bei der Stellvertretung schon angekommen, und es gibt erste Anzeichen, dass das alles auch fruchtbar wird bis in die gesamte Mitarbeiterschaft der Filialen hinein. – Da haben wir noch eine Riesenaufgabe vor uns, da sind wir, glaube ich, noch nicht so weit gekommen, wie wir es wünschen. Wir sind auf dem Weg.

Götz W. Werner: Die Frage ist, was hat man für eine Vision dabei und was hat man für Voraussetzungen geschaffen? Es ist ja schnell gefordert: »unternehmerisches Verhalten«. Aber auf das Verhalten kommt es nur bedingt an, deshalb habe ich einmal den Ausdruck verwendet: »unternehmerische Disposition«. Es kann natürlich leicht sein, dass sich jemand auch mal unternehmerisch verhält, das kann ja gut sein – situativ –, aber ob er unternehmerisch disponiert ist, also stets in die Zukunft gerichtet handelt, vordenkt, sich ein Bild schafft, sich die Zukunft sozusagen vergegenwärtigt, sein Bewusstsein in einer Weise erweitert, dass er immer das, was zukünftig sein könnte, vorstellbar macht – darauf kommt es an! Ich muss fähig sein, so zu handeln, dass ich damit Zukunft ermögliche. Die Zukunft kann ja nicht in der Zukunft gemacht werden, handeln kann ich immer nur heute. Mehr oder weniger merklich, aber zwangsläufig, weil wir das so veranlagt haben, ist die Fragestellung für die Zukunft: Wie bringen wir es fertig, dass insbesondere unsere Filialen bewusstseinsmäßig über das Tagesgeschäft hinauswachsen? Dazu haben wir ja inzwischen einige Instrumente geschaffen, denken Sie an unseren Mitarbeitereinsatzplan, an die schon erwähnte »Zielfindung im Team«, Tertialsplanung und so weiter – das sind ja zuallererst Übungsfelder. Bei der Tertialsplanung geht es nicht darum, dass man bloß weiß, wie die Filiale aufsteigt, sondern es ist ein Übungsfeld, damit in der Filiale die Zukunft vergegenwärtigt wird. »Zielfindung im Team« ist nichts anderes als ein Übungsfeld, damit man sich vergegenwärtigt, was wir anstreben. Und der Mitarbeitereinsatzplan, in den sich jeder selber einträgt, ist nicht nur dazu da, dass ich mir ein superlanges Wochenende einplane, sondern dass wir uns im Kollegenkreis überlegen: Was passiert in den nächsten sechs bis acht Wochen in der Filiale? Oder unsere Lehrlingsausbildung. Unsere

Lehrlingsausbildung dient ja nicht nur dazu, dass einfach irgendwie Lehrlinge ausgebildet werden, sondern dass man bei der Überlegung »ich stelle jemanden ein« daran denkt: Was kann denn in drei Jahren mit dem Menschen geschehen? Wenn ich einen Mitarbeiter einstelle, dann sage ich mir: Gut, ich brauche den Mitarbeiter ab dem Ersten des nächsten Monats. Und was dann zu tun ist, das muss man niemandem erst sagen, das findet zwangsläufig statt – mehr oder weniger bewusst. Wenn ich einen Lehrling einstelle, dann sage ich mir: Dieser Lehrling, der fängt jetzt an, der ist 17 Jahre, später ist er 20 Jahre alt, dann hat er drei Jahre gelernt – und was ist dann? Also, man bekommt einen ganz anderen Gesichtspunkt, jeder Einzelne in der Filiale.

Thomas Kracht: Die Zukunftskeime liegen in den einzelnen Menschen. Das Bewusstsein davon bekommt einen großen Stellenwert im Unternehmen, die persönliche Fähigkeitsbildung der Einzelnen, also Ausbildung, Weiterbildung, Persönlichkeitsentwicklung werden immer wichtiger, aber ebenso die Möglichkeit der Bewusstseinsbildung »vor Ort« mithilfe der erwähnten Einrichtungen.

Götz W. Werner: Das ganze Unternehmen als ein Übungsfeld! Ich habe ja ein Beispiel herausgegriffen: Wenn man sagt, ich brauche eine neue Kassiererin, und die brauche ich ab der nächsten Woche, weil die andere schwanger ist – das ist etwas anderes, als wenn ich sage, wir wollen dieses Jahr zwei oder drei Lehrlinge einstellen. Das ist ein anderer Vorgang. Und es ist ein Unterschied, ob ich mir die Wertbildungsrechnung anschaue und sage, das ist aber schön, was wir gemacht haben, oder ob ich ein Tertial damit plane. Das sind alles erst eigentlich sinnvolle Instrumente unter dem Gesichtspunkt: »unternehmerische Disposition«. Ich bin mir sicher, das fällt wie eine reife Frucht vom Baum, das wird sich immer mehr entwickeln – wenn wir an diesen Instrumenten festhalten und so auch weiterhin ausbilden, weiterbilden, dass immer mehr Menschen über ihren Tellerrand schauen können.

Erich Harsch: Ich möchte hier noch einmal zurückgreifen auf das »Intelligent-Werden-im-Sinne-des-Ganzen«, da schließt sich auch der Kreis zu dem, was Frau Reith vorhin gesagt hat, wo sie erlebt hat, wie die Filialleiterin am Anfang ihre Informationen für sich behalten hat. Ich glaube ja nicht mal, dass sie es böswillig tat, sondern vielleicht tut sie es nur, weil sie selbst noch Schwierigkeiten hatte, die Zusammenhänge zu durchschauen, und weil sie selbst gar nicht in der Lage war, diese Komplexitäten, die dahinterstecken, zu erkennen. Denn auch wenn es mit dem Hausverstand zu bewältigen ist – eine solche Wertbildungsrechnung stellt ja doch gewisse Anforderungen. Und wenn man sie jemand anderem erklären soll, so ist das wieder etwas anderes. Ich glaube, da sind wir jetzt mit unserer Lehrlingsinitiative schon an einem wichtigen Punkt: Es geht nämlich auch darum, dass wir immer mehr Menschen haben, die die Zusammenhänge besser durchschauen können, sodass sie, wenn sie in die Notwendigkeit kommen, das jemand anderem erläutern zu müssen, viel besser »drinstecken«. Ich glaube, das ist ein ganz wesentlicher Schritt bei der Lehrlingsinitiative, und es zeigen sich andererseits auch Unzulänglichkeiten an der einen oder anderen Stelle, bei denen, die vielleicht doch nicht so drinstecken oder dies auch nicht wollen. Das wird dann von den jungen Lehrlingen gnadenlos ans Licht gebracht.

Götz W. Werner: Das Unternehmen wird sich in drei bis vier Jahren völlig verändern, wesentlich verändert haben durch die Frucht unserer Lehrlingsinitiative.

Rainer Kloeters: Wir beginnen jetzt mit den Lehrlingen das »Lernen in der Arbeit«: Die Ausbildung soll so viel wie möglich »vor Ort«, das heißt: in der Filiale und durch deren Mitarbeiter stattfinden, bei der Arbeit. Diese Vorgehensweise »Lernen in der Arbeit« wird Neues bewegen. Wir sprachen vorhin darüber: Wie war es in der Filiale, als wir Verantwortung übernehmen sollten? Jetzt, in diesem Projekt »Lernen in der Arbeit«, hört man auch so ab und zu sagen: Du liebe Zeit, wie sollen wir denn das alles machen, in

fünf Minuten denen alles vermitteln, was heute in der Lehrbrief-
vermittlung gemacht wird? Da kommen dann immer wieder
Ängste hoch, aber ich denke, das ist eine unglaubliche Herausforderung für die Menschen, die ausbilden in der Filiale, sich selber
auch weiterzuentwickeln. Da kommt eine Dynamik rein. Wenn
die neuen Lehrlinge nach drei Jahren ausgelernt haben, stehen sie
ganz anders im Leben. Sie werden nicht die ewigen Lehrlinge bleiben, wie es vielleicht der eine oder andere heute ist, sondern sie
können selbstbewusster weiterarbeiten. Und ich denke, da wachsen wir wiederum alle mit.

Götz W. Werner: Das fängt ja jetzt an, in diesem Jahr. Der
Abschluss der ersten großen Lehrlingswelle. Und jetzt müssen wir
natürlich schauen, dass wir jedes Jahr immer kräftig nachlegen.

Karl-Martin Dietz: Was man so landläufig als »Nachwuchs«
bezeichnet, das ist es gar nicht. Nachwuchs würde ja heißen, es
wird jemand alt und scheidet aus, und dann muss wieder einer rein
an seiner Stelle. Hier geht es in Wirklichkeit um Vor-Wuchs, es
geht um eine Gestaltung, die in der Zukunft wirksam wird, aber
nicht so, dass Altes ersetzt wird. Das ist vielleicht einer der Haupt-
punkte, der fasziniert an diesem Vorhaben.

Götz W. Werner: Oder statt »Nachwuchs«: *Regeneration* im
ursprünglichen Wortsinne.

Karl-Martin Dietz: Wir sollten zum Ende kommen. Ich würde
gerne noch sagen, was mir aufgefallen ist bei unserem Gespräch.
Auf der einen Seite ist ja im Laufe des Gespräches immer deutlicher geworden: Es gab verschiedene Entwicklungslinien, die
zusammenfanden, äußere und innere Notwendigkeiten. Das ist
eigentlich ein wesentlicher Punkt dessen, was man »Entwicklung«
nennt. Wir hatten in unserer Betrachtung schon bald den Ausdruck »Entwicklung« verwendet. Was das bedeutet, wird im
Rückblick deutlicher. Dazu gehört noch etwas anderes. Es wurde
gesagt, Entwicklung heißt ja nicht, es wird alles einfach größer,

sondern Entwicklung bedeutet beispielsweise auch: es gibt Umschwünge. Die haben Sie jetzt beschrieben. Das ist ein weiteres Zeichen dafür, dass wir es hier wirklich mit einer Entwicklung zu tun haben.

Mir ist zweierlei aufgefallen, was wir noch nicht zur Sprache gebracht haben. Ich erwähne es jetzt nur noch. Wenn es ein Entwicklungsmoment ist, dass Bewusstsein wächst und das heißt, dass die Dinge selbstständig vom Einzelnen aus eigenem Antrieb heraus getan werden, dann verlieren die klassischen Führungsinstrumente immer mehr an Bedeutung. Motivation zum Beispiel war das Zauberwort in der zweiten Hälfte des 20. Jahrhunderts, entweder im Sinne von Fremdmotivation oder gar als verordnete Selbstmotivation. Diese Art der Fremdbestimmung wird überflüssig, je mehr der von Ihnen beschriebene Umschwung gelingt. Ich kann mich auch nicht erinnern, dass in den Jahren, in denen wir hier im Unternehmen tätig waren, von Motivation die Rede war. Die ergibt sich für jeden Einzelnen nach und nach von selbst. Während es ja durchaus noch üblich ist, durch Motivation die Mitarbeiter dazu zu bringen, möglichst genau zu tun, was ich als Vorgesetzter will, kann es jetzt nur darum gehen, mehr und mehr Gelegenheiten zu geben, dass einzelne Mitarbeiter aus eigenem Willen handeln. Dass deren Handeln mit meinem Willen zusammenkommt, muss ich dem gemeinsamen Blick auf dieselbe Sache, das Unternehmen, überlassen. Motivation ist schon weitgehend verabschiedet in Ihrem Unternehmen. In der Tatsache, dass sie verabschiedet werden konnte, liegt eine der großen Chancen.

Und ein Letztes noch: Herr Werner erwähnte die drei Phasen der Organisationsentwicklung: Pionier-, Differenzierungs- und Integrationsphase. Zu diesen drei von Bernhard Lievegoed benannten Phasen der Organisationsentwicklung ist ja inzwischen eine vierte hinzuzuzählen. Friedrich Glasl hat sie die »Assoziationsphase« genannt. In dieser Phase stellt sich die Frage: Wie steht das Unternehmen in der Gesamtheit, in der Umwelt, in der Gesellschaft? In den ersten drei Phasen ist der Blick auf das Unternehmen als solches gerichtet. Sie haben diese drei Phasen durchgemacht, und Sie haben sie innovativ durchgemacht, das wurde im Gespräch deutlich. Dann kommt aber noch die vierte Phase: Wie stehe ich eigentlich mit dem Unternehmen im Gesamten? Das ist auch eine Umwendung des Blickes, und die kann man nur leisten, wenn man so durch die ersten drei Phasen gegangen ist, dass man sie wirklich »hinter sich gebracht hat«, sonst kann man diesen vierten Gesichtspunkt gar nicht einnehmen. Sie haben damit ernst gemacht, bis hinein in die Wertbildungsrechnung, die Mitarbeiter nicht als lästige Kostenfaktoren des Unternehmens zu betrachten, sondern als etwas, was nicht nur dazugehört, sondern was im Mittelpunkt stehen muss. Das ist vielleicht ein erster Akt der Assoziation – schon viel, gemessen an dem, was sonst üblich ist. Und Sie sind dann sehr stark auf die Kunden zugegangen, betrachten die Kunden als mit Ihrem Unternehmen eng verbunden. Sie sind auf die Lieferanten zugegangen und so weiter. So etwas meine ich, wenn ich sage, Sie haben diese vierte Phase längst erreicht, sind da auch ziemlich weit vorne, gemessen an den Mitbewerbern. Das konnten Sie deshalb, weil Sie erstens die drei anderen Phasen innovativ bewältigt haben und zweitens nicht nach der dritten Phase Schluss gemacht haben. Und insofern ist bei all der von uns heute betrachteten Vergangenheit, die zum Erfolg geführt hat, die Zukunft noch spannender. Sie wollen Zukunft treiben in der Gegenwart.

Götz W. Werner: Das Problem ist ja oft, dass man versucht, die Zukunft vorauszusagen, und dabei übersieht, was man heute tut. Mit dem aber, was man heute tut, hat man die Zukunft schon geschaffen.

Zweiter Teil –
Praxis: Wie dialogische Führung leben kann

Führung ersetzt Chaos durch Irrtum.
Dialogische Führung bietet die
Chance, den Irrtum allmählich durch
die Einsicht aller Beteiligten
zu ersetzen.

Die Prozesse der Zusammenarbeit

Die Unternehmensentwicklung bei *dm-drogerie markt* führt anschaulich vor Augen, worin Anforderungen und Leistungen einer zukunftsfähigen Führung liegen. Führung ist in allererster Linie Bewusstseinsleistung. Immer dann, wenn man sich Verhältnisse, die eingetreten waren, bewusst machen konnte, ging es einen Schritt weiter. Und mit zunehmender Größe des Unternehmens und Komplexität des Umfeldes wächst die Anforderung an vorausschauende und organisierende Bewusstseinsleistungen. Entscheidend ist dabei: Worauf lenke ich mein Bewusstsein zuerst?

Eines ist sicher: nicht auf die Strukturen. Die Strukturfragen haben bis heute einen hohen Stellenwert. Geht es einem Unternehmen schlecht, fragt man meist zuerst nach seiner Struktur. Ist man von einem erfolgreichen Unternehmen beeindruckt, so ist man leicht geneigt, seine Struktur kopieren zu wollen. Doch das wäre ein großer Irrtum. Strukturen sind natürlich nötig und wichtig, schon um allgemeine Klarheit über das Unternehmen zu gewinnen. Aber sie sind sekundär. Wenn man Strukturen beschreiben kann, hat man immer schon die Ergebnisse einer vorausgehenden Tätigkeit. Unternehmensentwicklung als Strukturwandel zu beschreiben setzt an der falschen Stelle an. Wer in den Strukturen das Entscheidende sieht, steht immer wieder vor der peinlichen Aufgabe, an ihrer Auflösung zu arbeiten. Kaum ist eine Struktur gewonnen, ist sie schon veraltet. Kaum ist etwas fest geworden, muss ich an seiner Lockerung arbeiten. Ist das nicht widersprüchlich? – Warum wird es trotzdem so oft getan? Unserem Denken wohnt eine traditionelle Neigung zur Systematisierung inne. Erst was systematisch oder strukturell zu Ende gedacht ist, befriedigt die Erkenntnis. Der Widerspruch aber besteht darin: Systeme kann ich zu Ende denken, Unternehmensentwicklung nicht. Ohne Entwicklung wäre ein Unternehmen selbst schnell am Ende. Das Unternehmen ist die Zusammenarbeit einzelner Menschen, die sich entwickeln. Das Ergebnis ihres Zusammenwirkens ist die Entwicklung des Ganzen. In diesem Prozess entstehen Strukturen, aber nur als zeitweilig geltende Ordnungen, in denen sich ausgebildete Arbeitsbeziehungen zwischen Menschen spiegeln. Strukturen sind das Ergebnis, nicht der Antrieb der Veränderung. Diese Spannung zwischen System und Entwicklung gilt es zu beachten. Wer beispielsweise einem Buchtitel begegnet wie *Schöpferisch mit System*, den muss gegenüber den darin versprochenen »Kreativitätstechniken« eigentlich sofort ein Anfangsverdacht beschleichen.

Das Festhalten an Strukturen und Systemen behindert dasjenige, worum es vor allem geht: Es beschneidet die Eigenständigkeit des Mitarbeiters, verstellt seinen Blick auf das Unternehmen als Ganzes, zwängt ihn in eine Rolle, leitet von außen und besetzt die Zukunft. Die Frage ist deshalb: Was geht den Strukturen und Systematisierungen voraus und wodurch können sie immer wieder aufgelöst werden? Dieses »flüssige Element«, dem alle Entwicklung entspringt, wird hier als »Prozesse der Zusammenarbeit« beschrieben. Wer sie beachtet, ist in der Lage,

1. die Eigenständigkeit und individuelle Entwicklungsfähigkeit der einzelnen Mitarbeiter zu fördern;

2. die hierzu notwendigen Informationen zur Verfügung zu stellen, sodass nicht nur die Einzelheiten, sondern auch die Gesamtsituation des Unternehmens und dessen Ziele ständig im Blick sein können;

3. die Bildung eigener Ideen herauszufordern und dadurch zu fördern;

4. Engagement und Verantwortung für das Unternehmen zu ermöglichen.

Um Prozesse gestalten zu können, ist es notwendig, sie zunächst zu unterscheiden. Die im Folgenden charakterisierten Prozesse der Zusammenarbeit stehen nicht in einer vorbestimmten Reihenfolge des Organisationsablaufs. Sie durchdringen sich ständig. Auch dadurch unterscheiden sich Prozesse von Strukturen.

Individuelle Begegnung

Dialogische Führung ist personenbezogen. Ich nehme den einzelnen Menschen als Individualität ernst. Das bedeutet mehr, als nur zu beachten, was aus der Vergangenheit kommt (seine früher erbrachten Leistungen). Vielmehr geht es auch um sein Potenzial, das er bisher noch nicht verwirklichen konnte. Wie kann ich dazu eine Beziehung bekommen? Ich blicke deshalb zum Beispiel auch auf die Motive seines Handelns. Worauf will der andere hinaus? – Diese Frage ist oftmals entscheidender als Gelingen oder Misslingen im Einzelfall. Fehlertoleranz ist dabei selbstverständlich.

Dieser Blick ist nicht zu verwechseln mit der bekannten Einstellung: dem bei Verhandlungen üblichen Belauern von Absichten, Motiven oder verborgenen Wünschen des Gegenübers. Vielmehr stelle man sich die Frage: Habe ich im Gespräch ernsthaft damit gerechnet, dass mein Gegenüber ein Bewusstsein seines eigenen Handelns hat, ebenso wie ich? Kann ich mir vorstellen, dass er vielleicht ebenso wie ich hinterher auf unsere Begegnung zurückblickt? Dass er daraus vielleicht den Vorsatz fasst, sich künftig anders zu verhalten? Dann erscheint mir der andere als ein sich selbst bestimmendes Wesen, ebenso wie ich mich selbst erlebe.

In einem differenziert arbeitenden Unternehmen ist es geboten, mit den einzelnen Menschen auf verschiedene Weise umzugehen. Der eine ist selbstständiger; man muss ihn nur auf bestimmte Sachverhalte aufmerksam machen – er weiß dann selbst, was zu tun ist. Anderen gibt man Handlungsrichtungen in allgemeiner Form vor, während sie die

Umsetzung in der je konkreten Situation jeweils selbst leisten. Detaillierte Vorschläge wären bei diesen Menschen nicht nur unnötig, sondern sogar schädlich. Unterforderung verhindert Leistungsfähigkeit nicht weniger als Überforderung. Schließlich gibt es auch Situationen, in denen konkrete Anweisung geboten ist. Die jeweilige Führungsmaßnahme ist aus der Geistesgegenwart heraus zu finden, vorgefertigte Modelle kann es hier nicht geben. Allenfalls lassen sich einige typische Möglichkeiten beschreiben (siehe unten: »Elemente einer dialogischen Führung«).

Indem ich auch das Verstehen individualisiere, kann ich mir angewöhnen, meinem Gegenüber gleichsam mit vier Ohren zuzuhören:

1. Was ist das für ein Mensch?

2. Wie redet er mit mir? Wen glaubt er vor sich zu haben?

3. Wie ist der Sachverhalt zu verstehen?

4. Was soll ich tun, denken, fühlen aufgrund seiner Mitteilung?

Ich unterscheide dann in den Worten des anderen vier Aspekte: Erstens den Selbstoffenbarungsaspekt, zweitens den Beziehungsaspekt, drittens den Sachaspekt und viertens den Appellaspekt.[9]

Ziel der »individuellen Begegnung« ist es, den anderen Menschen nicht nur in seiner Rolle oder Funktion zu sehen, sondern als Menschen ernst zu nehmen. Dazu dient der unabdingbare Wille, ihn zu verstehen. Das ist zugleich eine Voraussetzung dafür, dass die Begegnungen offen verlaufen können. Überwältigung oder Flucht bleiben dann nicht länger die herausragenden Tendenzen anderer Menschen gegenüber.

Durch »Führung« dieser Art lernt man immer auch selbst. Man fragt den Partner nach *seinen* Erfahrungen, Ideen und Motiven. Das ist eine wichtige Voraussetzung dafür, ein lernendes Unternehmen zu werden. Lernen ist nicht Abfüllen mit Wissen, sondern »Umwendung« (Platon). Es beruht auf Blicklenkung. Führen besteht darin, andere Menschen auf Situationen, Notwendigkeiten oder Möglichkeiten samt ihren Hintergründen aufmerksam zu machen, ihre eigene Wahrnehmung anzuregen und dabei auch selbst immer schärfer zu sehen. Dabei wächst auch das Verständnis für das ganz andersartige Vorgehen des anderen, das meinen eigenen Vorstellungen vielleicht sogar widerspricht. Ich lerne es zu tolerieren, zu verstehen und gegebenenfalls sogar zu unterstützen. Denn nur wenn ich versuche, eine gegebene Situation nicht nur von mir aus zu beurteilen, sondern sie auch mit den Augen des anderen zu sehen, überwinde ich die engen Grenzen meiner Persönlichkeit.

> **W**enn ich versuche, den anderen zu verstehen, können wir uns beide weiterentwickeln.
>
> *Silke Engel, Filialleiterin*
> *bei* dm-drogerie markt

Transparenz

Der Prozess der Transparenz hat zum Ziel, alle relevanten Tatsachen, Zusammenhänge und Vorgänge des Unternehmens vollständig zugänglich zu machen, sodass der Einzelne seine eigene Übersicht gewinnen und sich sein eigenes Urteil auf sicherer Kenntnisgrundlage bilden kann. Stimmen die Hintergrundinformationen und ist jeder Einzelne in der Lage, sie angemessen zu verarbeiten, so erübrigen sich vielfach besondere »Führungsmaßnahmen«: Es ist jedem klar, was er zu tun hat. Zwischen Vollständigkeit der Fakten und der Förderung des Überblicks über das Ganze entsteht die fruchtbare Spannung des Transparenzprozesses. Transparenz erstreckt sich deshalb nicht nur auf gegebene Sachverhalte, sondern bezieht die Ziele und Motive der Führung mit ein. Zur Wirklichkeit eines Unternehmens gehören in letzter Konsequenz auch die noch nicht verwirklichten Absichten seiner Entscheidungsträger.

Die Transparenz wird gefördert durch ein angemessenes Informationsmilieu, das Restriktion von Wissen (Machtwissen) ebenso vermeidet wie Überflutung mit Daten, und das zugleich die Einzelnen in die

Lage versetzt, mit den zur Verfügung stehenden Informationen eigenverantwortlich umzugehen. Der Einzelne muss selbstständig zwischen »wesentlich« und »unwesentlich« unterscheiden können. Er muss urteilsfähig sein. Die Urteilsfähigkeit des Einzelnen gehört zur Transparenz wesentlich dazu. Schon deshalb ist diese ein ständig zu pflegender Prozess, nicht einfach die Summe der vorhandenen Informationssysteme – die als solche allerdings auch der fortlaufenden Entwicklung bedürfen.

Transparenz hat auf der anderen Seite die Pflege einer Kommunikationskultur zur Voraussetzung: die Selbstverständlichkeit von Rückfragen, kurze und leichte Verständigungswege, informelle Gesprächsbereitschaft – und vor allem: der rechtzeitige Einbezug aller, die von Neuerungen und ihren Folgen betroffen sind.

Transparenz ist damit zugleich die Grundlage dafür, dass der Einzelne die Organisation als ganze durchschauen und eigenständig in ihr handeln kann.

Beratung

Im Mittelpunkt des Beratungsprozesses steht die Bemühung, die Sache (das Unternehmen, das Vorhaben und so weiter) gemeinsam vorwärts zu bringen (statt sich nur persönlich durchzusetzen). Dabei gilt es, ideenfreundlich zu sein, das heißt, die Bildung, Vertiefung und Anwendung von Ideen zu fördern.

Wie von selbst entsteht dabei eine ständige Arbeit an Zielsetzungen und Leitbildern, ohne dass diese sich vom Unternehmensalltag und seinen konkreten Situationen (Abteilungssitzungen, Projekttagen und so weiter) abheben muss. Hier ist »Ideenorientierung« gefragt, jedoch nicht als ein *gesondertes* Thema, sondern als innere Ausrichtung, die Integration fordert und fördert. Sie ist – ähnlich wie »Begegnung« und »Transparenz« – nicht einfach eine Summe von Maßnahmen, sondern ein geistiges Milieu, in dem die einzelnen Maßnahmen erst entstehen.

Dies geschieht insbesondere dadurch, dass man sich die inneren Bedingungen des »Dialogs« (im Unterschied zur Diskussion oder zur Debatte) klarmacht und die entsprechenden inneren Haltungen übt (siehe unten: »Die gemeinsame Sache vorwärts bringen«). Im Beratungsprozess kulminiert die Zusammenarbeit. In ihm reifen die Früchte der individuellen Begegnung und der Transparenz. Und die Qualität des nachfolgenden Entschlusses ist maßgeblich von der Beratungsleistung abhängig.

Warum suche ich Beratung? Ich will mein Denken und Handeln optimieren und bitte um uneigennützige Beiträge dazu. Oder: Ich kann nicht isoliert handeln und versuche deshalb, andere von meinem Vorhaben zu überzeugen. Schließlich: Ich suche Anregung dazu, neue Ideen zu finden, und umgekehrt: Wie kann ich dem anderen so zuhören, dass ihm etwas einfällt?

Es kommt darauf an, wie diese drei Ziele des Beratens in Gemeinschaftsprozesse übergeführt werden, damit nicht die bekannten Karikaturen herauskommen, die sich so formulieren lassen: Ich will mein Denken und Handeln an der Meinung der anderen orientieren; ich will meine Absichten durchdrücken; ich will mich sozial absichern.

Beratung soll eine sachgerechte Entscheidung vorbereiten. Es geht darum, klare Alternativen zu entwickeln und sie konsequent gedanklich durchzuführen als Grundlage für die Entscheidungsfindung:

- Wie kommen die unterschiedlichen Kompetenzen der einzelnen Menschen in möglichst großer *Vielfalt* zum Tragen?

- Wie kommen die unterschiedlichen Ansätze *zusammen* und gestalten an einer *Ganzheit* mit?

- Wie kommt dieses Ganze (das Unternehmen, das Vorhaben und so weiter) zur *Fruchtbarkeit*?

Damit aus der *Vielfalt* eine *Ganzheit* wird, genügt nicht die Addition der verschiedenen Beiträge, sondern diese müssen umgeschmolzen und aufeinander bezogen werden. Aus der Wechselbeziehung des Beratungsprozesses entsteht ein Erkenntnisfortschritt, der anders kaum zu leisten wäre. »Wechselbeziehung« ist dabei ganz wörtlich zu nehmen: Hier fließen die Früchte der individuellen Begegnung ein. Jeder Mensch ist mit seinen Fähigkeiten gefragt – es geht nicht darum, sich sympathisch oder unsympathisch zu finden. Im Hinblick auf das gemeinsame

Ganze entsteht hier eine fruchtbare *Vielfalt*. Dazu kommen die Früchte der Transparenz: Alle haben die gleiche Ausgangsbasis für die Beratung, alle wissen in gleicher Weise, worum es geht. Es gibt weder verdeckte Informationen noch verdeckte Zielsetzungen. Dann entsteht *Ganzheit*.

Wenn nicht alle Beteiligten der Sache dienen wollen, findet keine wirkliche Beratung statt. Man merkt das ja auch sofort. Die Gesprächstricks und Profilierungsmethoden sind allgemein bekannt. Wer sich ihrer bedient, bringt die anderen schon deshalb gegen sich auf, weil er sie für dumm zu halten scheint.

Es geht bei alledem aber nicht nur um die »Sache« (das Projekt, das Vorhaben und so weiter), wie sie gerade ist; sondern es geht um die Zukunft. Höchstes Ziel der Beratung ist es deshalb, neuen Ideen zum Durchbruch zu verhelfen. Was hierbei zu beachten ist, wurde an anderer Stelle schon beschrieben.[10]

Strukturell ist es sinnvoll, den Beratungsprozess vom nachfolgenden Entschluss getrennt zu halten. Die Beratung verläuft um so offener und effektiver, je weniger in ihr schon Vorausnahmen einer Entscheidung vermutet werden müssen. Außerdem kann immer wieder die Erfahrung gemacht werden, dass sich bei einer sachlich-gelassenen Beratung, die möglichst alle Aspekte der Sache in Erwägung zieht, eine angemessene Entscheidung wie von selbst ergibt. Sie wird evident. Wer sich bei der Beratung Zeit lässt, spart diese leicht wieder ein. Ärger und Fehlentscheidungen, die auf hastige Beratung zurückgehen, verschlingen bekanntlich sehr viel Zeit.

Entscheidung

Wer welche Entscheidung fällt, wird sachgemäß dadurch bestimmt, wer wofür die Verantwortung trägt. Wer verantwortet, der entscheidet – und umgekehrt. Verantworten heißt dann auch: nachhalten, die Folgen der Entscheidung begleiten und gegebenenfalls die getroffene Entscheidung modifizieren. Auch wenn eine Entscheidung gemeinschaftlich gefällt wird, muss der Entschluss jedes Einzelnen dahinter stehen. Sonst trägt sie nicht.

»Entscheidung« steht deshalb nicht nur am Ende der anderen drei Prozesse, sondern sie ist selbst ein Prozess. Sie bezieht die betroffenen Menschen ein – das ist eine Frucht der »Begegnung«. Sie hat das Ganze im Blick und nicht nur das eigene Wohlergehen (vergleiche »Transparenz«). Wer entscheidet, kennt alle Ideen und Ansichten der anderen (»Beratung«) – das ist eine wesentliche Voraussetzung. Hinzu kommt dann der Entschluss: Ich stehe dahinter, ich übernehme die Verantwortung.

Abschließend werden noch einmal die vier Prozesse der dialogischen Führung mit ihren Schwerpunkten zusammengefasst. Die Prozesse bieten die Möglichkeit, dass der Einzelne sich zum Zwecke der Zusammenarbeit nicht zurücknehmen und seinen individuellen Beitrag durch Regeln, Gebote oder Strukturen schwächen muss, sondern dass sich jeder mit aller Kraft in die Zusammenarbeit einbringt – eine Umkehrung gegenüber der herkömmlichen Auffassung von Individualität und Zusammenarbeit.

1. Individuelle Begegnung:

   Hier ist *Subjekt-Orientierung* im eigentlichen Sinne am Platze, und zwar als Orientierung auf das *andere* Subjekt, den anderen Menschen, den Mitarbeiter. Es geht um dessen Belange, seine Fähigkeiten und so weiter. Das hat beispielsweise zur Folge, dass die Führungsmaßnahmen individuell (und nicht mehr kollektiv) getroffen werden. So ist auf Verstehen und Überzeugen mehr Wert zu legen als auf Überreden oder Anordnen.

2. Transparenz:

   In ihr stellt sich *Sach-Orientierung* in Reinform dar. Es geht darum, zu erfahren und mitzuteilen, was der Fall ist, sowohl im Kleinen wie im Großen und unabhängig davon, wie die eigene Stellung zu den mitgeteilten Sachverhalten ist. Wichtig in diesem Informationsmilieu ist es, nicht nur die bereits eingetretenen Tatsachen mitzuteilen, sondern auch über Vorhaben und Absichten zu informieren. Der Zusammenhang der eigenen Initiative mit dem Ganzen ist durchsichtig zu machen.

3. Beratung:

Hier kommt zur Subjekt-Orientierung und zur Sach-Orientierung die *Ideen-Orientierung* hinzu, das heißt die Ausrichtung an der Zukunft des Unternehmens. Der Umgang mit Ideen muss natürlich beherrscht werden.[11] Die Stärke eines guten Beratungsprozesses besteht darin, dass die geistige Autonomie der Einzelnen mit all ihren Unterschieden sich zu einer gemeinsamen Zielsetzung vereinigt. Auf die geistige Mitarbeit jedes Einzelnen ist besonderer Wert zu legen.

4. Entscheidung:

Hier geht der einzelne von der »Orientierung« zur *Gestaltung* über, mit allem, was dazugehört. Die Verbindlichkeit gegenüber dem ganzen Unternehmen, die auch in den anderen Prozessen vorhanden ist, erreicht hier ihren Höhepunkt. Verantwortung und Durchführung werden so weit wie irgend möglich der Eigeninitiative der Mitarbeiter überlassen.

Im dialogischen Führungsmilieu kommen Entscheidungen auch auf ungewohnte Weise zustande. Die Entscheidung selbst und die nachfolgende Handlung werden nicht punktuell gesehen. Nicht nur das (beabsichtigte) Ergebnis wird in den Blick genommen, sondern auch schon seine Entstehungsweise. Führung erstreckt sich auf die Beratungs- und Entscheidungsprozesse und deren Voraussetzungen (Begegnung, Transparenz). Sie ermöglicht und erfordert auch in dieser Hinsicht eine zunehmende Autonomie der Einzelnen. Darin liegen Freiheitschancen ebenso wie Unsicherheiten. (Näheres dazu im folgenden Kapitel.) Die verschiedenen Führungselemente in einer dialogischen Kultur beruhen im Wesentlichen auf Varianten des Entscheidungsprozesses; im Hinblick auf Begegnung, Transparenz und Beratung unterscheiden sie sich nur graduell.

Elemente der dialogischen Führung

Wer mit dem Willen des Einzelnen zur Selbstbestimmung wirklich rechnet, sieht seine gewohnten Führungsmaßnahmen mit neuen Augen. Die

Motivation durch den Vorgesetzten verliert an Bedeutung. Wer sich selber bewegen will, braucht nicht von außen bewegt (»motiviert«, das heißt aber deutlicher: manipuliert) zu werden. Er würde den Versuch dazu als Zumutung empfinden. Auf *Anweisungen* (und *Kontrollen*) kann nicht gänzlich verzichtet werden, wenn sie sich in einem dialogischen Milieu auch in Umfang, Bedeutung und Art der Handhabung ändern (siehe unten). Dialogische Führung verlangt aber vor allem solche »Instrumente«, die eine aktive Rolle aller Beteiligten ermöglichen. Es sind also gerade keine »Instrumente« im traditionellen Verständnis mehr.

Es liegt nahe, zunächst an die *Vereinbarung* zu denken als Abschluss eines Gesprächs, wie wir sie auch aus dem Alltag kennen. Man geht auseinander, nachdem man das Gesprächsergebnis zusammen festgelegt hat – und sei es nur ein Termin. Es kann aber auch eine weit reichende Entscheidung getroffen worden sein. Man erwartet voneinander, dass der andere sich an das Vereinbarte hält. Eine Steigerung im Sinne der dialogischen Führung würde es bedeuten, wenn am Ende eines Gesprächs die Entscheidung für denjenigen offen bleibt, der zum Handeln aufgefordert ist. In diesem Falle kann man von einer »*Empfehlung*« sprechen. Wie kann es dann aber noch zu einem verlässlichen und verbindlichen Zusammenarbeiten kommen?

Im Folgenden wird der Versuch gemacht, mit Blick auf die Erfahrung in der Praxis diese beiden Elemente näher zu bestimmen. Vereinbarungen und Empfehlungen gibt es quer durch alle hierarchischen Ebenen. Sie sind ihrem Wesen nach unhierarchisch. Gerade jemand, dem auf Grund seiner Position niemand mehr etwas anweisen *kann*, sucht von sich aus die empfehlende Beratung.

Vereinbarung

»Vereinbarung« bedeutet, dass nach einem Beratungsprozess, in dem beide Seiten ihre Beiträge einbringen konnten, gemeinsam das Ergebnis festgestellt und das Handeln festgelegt wird. Will einer der Beteiligten später anders handeln, bedarf es der Rücksprache mit dem Partner. Vereinbarung ist also das Ende eines dialogischen Prozesses, der mit individuellen Begegnungen beginnt (Berücksichtigung der persönlichen Situation, der Fähigkeiten et cetera des Partners), die Transparenz einschließt (gleicher Informationsstand) und dann zu einer angemessenen Beratung (Ziel- und Ideenorientierung) führt (siehe unten). Dabei wird die Verantwortung für die Entscheidung zwischen den Partnern geteilt. Vereinbarung gibt insofern den Beteiligten eine gewisse Sicherheit. Der eine weiß, dass das, was er sich vorstellt, auch getan werden wird. Und der andere weiß schon vorher, dass das, was er tun wird, nicht gänzlich daneben liegen kann.

Bei alledem ist eine ausgewogene Zweiseitigkeit vorausgesetzt. Wenn jemand einen Monolog hält und dann seine freundlich durchgesetzte Vorstellung als »Vereinbarung« bezeichnet (»Wir haben also vereinbart ...«), dann hat das mit dem hier gemeinten Führungselement nur das Wort gemeinsam. Eine echte Vereinbarung setzt voraus, dass man sich nicht nur in der Sache, sondern zum Beispiel auch in der Vorgehensweise verständigt hat.

Empfehlung

»Empfehlung« dagegen lässt offen, wie der Empfehlungsempfänger letztlich handeln wird. Die Handlung wird von ihm allein verantwortet, selbst dann, wenn er einfach nur das tut, was der Geber der Empfehlung ihm vorgeschlagen hat. Wer empfiehlt, was ihm am sinnvollsten erscheint, muss den sachlichen Zusammenhang ebenso erläutern wie sein Motiv, das ihn zu seinem Vorschlag veranlasst. Der Geber der Empfehlung muss seinen Vorschlag in jeder Hinsicht einsehbar machen und Nachfragen zulassen. Wer eine Empfehlung entgegennimmt, hat seinerseits die Pflicht, so lange nachzufragen, bis er nicht nur deren Ziel, sondern auch ihr Umfeld (Hintergründe, Konsequenzen und so weiter) verstanden hat, sodass er sich selbst zu einer Handlung entschließen kann. Im Hinblick auf individuelle Begegnung und Transparenz unterscheidet sich die Empfehlung nicht von der Vereinbarung. Auch ein Beratungsprozess muss mit der Empfehlung verbunden sein. Die letzte Entscheidung trifft jedoch der Adressat der Empfehlung. Zu dessen Verantwortung gehört es dann auch, zu begründen, warum er so gehandelt hat. Auch er hat, wie vorher der Empfehlungsgeber, seine Entscheidung verständlich zu machen (Rechenschaftspflicht). Das kann so weit gehen, dass er sich einer Auseinandersetzung über die Richtigkeit seiner Entscheidung zu stellen hat. Führung durch Empfehlung ist in dieser Hinsicht nicht »weicher« als die Führung durch Anweisung. Aus all dem ergibt sich mit sachlicher Notwendigkeit auch, dass eine gegebene Empfehlung nicht einfach vernachlässigt werden kann. Wer die Hintergründe verstanden hat – und dafür muss gesorgt sein –, kann sich nicht einfach über sie hinwegsetzen. Handeln wird in der dialogischen Führung nicht über Gehorsam ausgelöst, sondern über eigenständiges, sachorientiertes Verstehen. Man arbeitet an einer gemeinsamen Sache.

Andererseits kann eine Änderung oder Korrektur der Handlung nicht hinterher per Anweisung verlangt werden. Prinzipiell wäre es widersinnig, eine Empfehlung nachträglich in eine Anweisung umzuwandeln. Damit käme die dialogische Führung nachhaltig zum Erliegen. Korrektur oder Änderung setzen die *Einsicht* des Empfehlungsempfängers voraus. Er trägt ohnehin die Verantwortung. Die Auseinandersetzung über eine Handlung im Rahmen der dialogischen Führungskultur ist immer ein – gegebenenfalls harter – Erkenntnisprozess mit den Mitteln des Dialogs. Insofern enthält die Empfehlung gegenüber der Vereinbarung eine größere Unsicherheit, und zwar für beide Seiten: Der Geber der Empfehlung sieht erst hinterher, was aus seiner Empfehlung wirklich geworden ist. Und der Empfänger wird in der Regel erst einige Zeit nach seiner Entscheidung mit deren Akzeptanz konfrontiert.

Empfehlung meint also nicht etwas Unverbindliches. Ob eine Handlung gut oder schlecht war, richtet sich nicht nach dem Wunsch eines Vorgesetzten, sondern ist nach sachlichen Kriterien eigenständig zu entscheiden und zu verteidigen, das heißt in der Form eines erkenntnisleitenden Dialogs. Die Beteiligten werfen einen gemeinsamen Blick auf die Sachlage.

Es ist wichtig, von der hier gemeinten Empfehlung andere, ähnlich erscheinende Formen zu unterscheiden, zum Beispiel

- eine Anregung in minder relevanten Fragen;
- eine Rohanweisung, deren genaue Durchführung einschließlich

möglicher Gestaltungsvarianten dem Empfänger überlassen bleibt (solches ist auch in Anweisungsverhältnissen selbstverständlich);

- Ziele vorgeben – den Weg freilassen: das ist klassische Führung durch Zielvorgabe, nicht Empfehlung in einer dialogischen Kultur;

- eine »Empfehlung à la Erlkönig« (»Und bist du nicht willig, so brauch ich Gewalt«). Das Wort »Empfehlung« ist dann nichts anderes als eine humanitär gemeinte Geste ohne Wirklichkeitsgehalt.

Die Praxis bestätigt: Die Empfehlung ist das unbequemste der aufgeführten Führungselemente. Deshalb muss immer mit der Tendenz gerechnet werden, sie zu vermeiden oder zu unterlaufen. Wenn schon mit der Selbstständigkeit von Mitarbeitern gerechnet werden soll, dann bietet doch die Vereinbarung zumindest eine gewisse Sicherheit und wird deshalb gerne als das äußerste Zugeständnis an die Selbstbestimmung betrachtet.

Gerade an diesem Problem kann sich aber der Charakter einer dialogischen Führung zeigen, die ihren Namen verdient. Wer eine Empfehlung gibt oder entgegennimmt, muss auf die Sicherheit verzichten, die selbst noch die freieste Vereinbarung bietet, denn der Ausgang der Unternehmung ist offen. Aber darin liegt die besondere Herausforderung zu eigener Ideenfindung und Entscheidung, die eben nicht auf bequeme Weise zu haben ist. Wirklich praktische Ideen sind immer konkret: situationsbezogen und individuell erfasst. Darüber täuscht man sich gerne, weil das Aushandeln von Vereinbarungen, gerade wenn es dabei um gemeinsame Handlungsziele geht, eine schöne Sache ist. Solange man sich austauscht, ist es gut. Kommt es aber dann zum Ziel, also zu einer beide Seiten bindenden Absprache, muss bedacht werden: Was an Sicherheit durch diese Verbindlichkeit gewonnen wird, geht für den Einzelnen, der sich gebunden hat, an Schwung verloren, auch wenn er an dieser Bindung mitgewirkt hat. Das spricht nicht prinzipiell gegen Vereinbarungen; aber es zeigt die immanente Schwäche von Vereinbarungen.

Wer dies bedenkt, wird auch erkennen, dass in der angeführten Reihenfolge der Führungselemente in einer dialogischen Führungskultur eine Dynamik wirkt. Je mehr eine Führungsmaßnahme in Richtung

Empfehlung und empfehlender Beratung tendiert, desto näher kommt sie dem Ziel eigenverantwortlichen und eigenbestimmten Handelns. Desto größer wird aber auch das Risiko, das der Führende eingeht. Er hat immerfort zu entscheiden: »Wie weit kann ich gehen, wie weit kann ich Verantwortung abgeben?« Hier liegt der Grund mancher Zaghaftigkeiten und Bedenken im Umgang mit solchen Führungsinstrumenten in der Praxis. Man muss ihn kennen und nennen, um mit ihm fertig zu werden. Dialogische Kultur braucht die Bereitschaft zum Risiko.

Wer sich über solche Bedenken hinwegsetzen kann und sich auf den Weg zu einer dialogischen Kultur begibt, wird die konkreten Möglichkeiten und Bedingungen in der Praxis kennen lernen.

Dialogkultur im Unternehmen

Praktische Bedingungen

Wer dialogische Führungskultur fördern will, kann sich einige praktische Anforderungen klar machen:

- Eine Empfehlung war nicht dann ein Erfolg, wenn sie genauso durchgeführt wurde, wie sie empfohlen worden war; sondern vielmehr dann, wenn dem Empfehlungsempfänger etwas Eigenes eingefallen ist. Der erste, entscheidende Schritt ist das Selber-Haben der Idee, der Initiative. Dagegen wird oft gesündigt. Man meint, wenn der andere mit dem Kopf nickt, habe er in jedem Falle seinen eigenen gebraucht. Wer eine Empfehlung gibt, steht in der Gefahr ungewollter und unbewusster Manipulation. So bewirkt beispielsweise die harmlose Forderung: »Holen Sie sich doch mal etwas zum Schreiben!« oft eine Einstellung auf den Willen des Vorgesetzten. Gemeint war aber vielleicht nur: »Schaffen Sie bitte die Voraussetzung, dass wir die Ergebnisse unserer Beratung festhalten können!« Diese findet dann nicht wirklich statt, das »Kopfnicken« bestätigt nur den »Empfang« der vom Beratenden gegebenen »Information«.

Ein anderes Beispiel, wie eine Idee »nahe gelegt« werden kann: Der beratende Mitarbeiter schildert ein Szenario, anhand dessen der andere unweigerlich auf die »Idee« kommen muss, wie man ein bestimmtes Problem lösen kann. Peinlich, wenn er entdeckt, dass er dann für eine »eigene Idee« gelobt wird, die ihm – allgemein erkennbar – nur untergelegt wurde.

Ein weiterer Faktor, der beim Empfehlung-Geben nicht zu unterschätzen ist: die »Wucht der Persönlichkeit«! Es gibt Menschen, deren Initiative kraft ihres Auftretens mit einer solch durchschlagenden Wirkung erscheint, dass das Gegenüber sich wie von selbst mit deren »Ideen« »identifiziert«.

- Empfehlung zielt nicht auf vorherbestimmte Maßnahmen, sondern, wie gesagt, auf die Anregung von Bewusstseinsprozessen. Eine Empfehlung war dann ein voller Erfolg, wenn der Empfehlungsempfänger nicht nur anders (besser) gehandelt hat, sondern wenn der Empfehlungsgeber auch einsehen kann, dass diese andere Handlungsweise besser war.

  Dazu ein Beispiel aus der Filialpraxis. Ein Mitarbeiter berichtet: »Es stand die Ladenplanung für eine Filiale an. Der Plan war von mir fertig gezeichnet. Es waren drei Kassen im Ausgangsbereich vorgesehen, ein Doppelkassentisch in der Mitte und ein weiterer Einzeltisch an der Außenwand. Ich legte diesen Plan Herrn X, meinem Vorgesetzten, zur Abstimmung/Beratung vor. Mit ein paar kleinen Änderungen wurde er von Herrn X freigegeben. Bis auf eine Ausnahme: Er war der Meinung, dass statt des von mir geplanten Doppelkassentisches zwei einzelne Kassentische besser wären. Dafür sprachen Handlingsvorteile für die Kassiererinnen. Auf der anderen Seite benötigten zwei einzelne Kassen zirka 30 Zentimeter mehr Platz, was zur Folge hatte, dass der Kassenbereich um diese 30 Zentimeter in den Eingangsbereich hineingeragt hätte. Wir besprachen die beiderseitigen Argumente. Herr X übergab mir die Entscheidung mit der ausdrücklichen Betonung seiner Empfehlung. An den folgenden Tagen besprachen die Filialleitung, die Revision, mehrere Mitarbeiter der Filiale sowie ein anderer Kollege nochmals die Situation vor Ort. Auch die Handlingsnachteile wurden mit den Kassiererinnen in einer Nachbarfiliale (diese besaß bereits einen Doppelkassentisch) untersucht und als nicht gravierend eingestuft. Unsere Entscheidung: Der von mir eingezeichnete Doppelkassentisch war die bessere Alternative. Der Plan wurde nicht geändert, der Laden entsprechend eingerichtet. Am Eröffnungstag besuchte Herr X die Filiale und blieb sogleich enttäuscht im Eingangsbereich stehen. ›Sie haben sich ja doch für den Doppelkassentisch entschieden.‹ Ich erläuterte unsere Vorgehensweise und unsere Beweggründe. Herr X erhob keine Einwände mehr. Allerdings hörte ich auf den folgenden Treffs (in Regionsbesprechungen und diversen Arbeitskreisen) immer wieder im Unterton, dass Herr X mit dieser Entscheidung doch nicht einverstanden war. Die ›Sticheleien‹ waren erst beendet, als ich bei unserem Gespräch zur Dialogkultur in Vorbereitung eines Seminars diese Geschichte, wie ich sie erlebt hatte, erstmalig erzählte, in Anwesenheit von Herrn X. Soweit meine Geschichte, über die Herr X und ich heute beide lachen können.«

- Um im Rahmen von Empfehlung und Vereinbarung angemessen arbeiten zu können, bedarf es rechtzeitiger Themenabsprachen und Vorinformationen, sodass *beide* Seiten sich vorbereiten können.
  Die Erfahrung zeigt, dass es am besten ist, sich zu einem Gespräch mit einem Vorlauf von mindestens einer Woche anzumelden und die Gesprächsthemen mitzuteilen. So kann beispielsweise ein Gespräch über die Umsatzentwicklung bei einem bestimmten Artikel nicht fruchtbar verlaufen, wenn vom Filialleiter aus dem Stand eine Stellungnahme beziehungsweise eine Klärung gefordert wird. Hier genügt schon eine kurze Zeit der Vorbereitung, damit der betreffende Filialleiter sich selbst ein Bild der Lage machen und dann ein eigenes, aus der Sache begründetes Urteil abgeben kann. Ein kleines Beispiel, gewiss, das aber typisch ist für die vielen Einseitigkeiten im scheinbaren »Dialog« des Alltags.

- In besonders wichtigen Fragen bedarf es bis zur Entscheidung gegebenenfalls einer beiderseitigen Bedenkzeit.

- Es bedarf des aktiven Willens, zu beraten und Rat zu suchen.
  Dazu ein Beispiel dafür, wie im Filialalltag bei *dm-drogerie markt*

erkannt worden ist, dass größere Unabhängigkeit zugleich konkreten Beratungsbedarf nach sich zieht: Ladenumbauten wurden in der Vergangenheit oftmals durch den Gebietsverantwortlichen initiiert. Anhand der inzwischen eingeführten Layoutbereichsstrukturanalyse ist hingegen der Filialleiter jederzeit in der Lage, Trends oder Abweichungen zum Vorjahr im ganzen Gebiet zu erkennen. Aus diesen Zahlen ergeben sich Fragestellungen für die Optimierung des Sortiments der jeweiligen Filiale. Die Gebietsverantwortlichen werden nun umgekehrt von den Filialleitern zur Beratung, insbesondere für gravierende Umbauten, hinzugebeten.

- Es bedarf umfassender Mitteilung der Beweggründe, Umstände und Hintergründe einschließlich der Bereitschaft, diese auch in Frage stellen zu lassen.

Sicherheit

Zur dialogischen Führungskultur gehört, wie schon gesagt, eine gewisse Unsicherheit – als Preis für die Chance, die in ihr liegt. Dennoch müssen alle Beteiligten wissen, woran sie sind. Dazu trägt zum Beispiel folgendes bei:

- Bei den Gesprächspartnern herrscht gleiches Wissen darüber, was mit »Empfehlung« und mit »Vereinbarung« *prinzipiell* gemeint ist. Das ist ein Gebot der Transparenz und keine überflüssige Wortklauberei. Wer mit Empfehlungen zu arbeiten versucht, kennt aus dem Unternehmensalltag die Situation, dass eine »Empfehlung« manchmal ganz unverbindlich behandelt und verstanden wird. »Warum ich nichts getan habe? Aber Sie hatten doch *nur* eine Empfehlung gegeben!« Derjenige, der die entsprechende Empfehlung bekommen hat, war sich über die grundsätzliche und praxisrelevante Bedeutung dieser Führungsmaßnahme nicht im Klaren.

- Es können Sachgebiete festgelegt werden, für die prinzipiell Anweisung angebracht ist. Das werden zum Beispiel diejenigen Bereiche des Unternehmens sein, die unter allgemeinen Rechtsanforderungen stehen. Es ist dabei sinnvoll, zwischen konkreten »Anweisungen« im Einzelfall und festen »Standards« zu unterscheiden. Zu letzteren gehört beispielsweise das einheitliche Handeln in Kassen- und Finanzfragen, das nicht immer wieder in Frage gestellt werden kann. Dazu gehören auch andere Handlungsformen, deren Einheitlichkeit von vornherein geboten ist, vor allem auch in juristisch relevanten Bereichen (Anstellungsverträge, Arbeitszeugnisse, Lieferverträge et cetera). Auch alle Vorgänge, bei denen es ein eindeutiges »Richtig« oder »Falsch« gibt, sind von dieser Art. Vieles läuft hier in der Praxis nach dem Muster eines Verkehrsschildes an der Ostsee, auf dem steht: »Vernünftige fahren hier nicht Rad. Den anderen ist es verboten.«[12]

Das folgende Beispiel aus der Filialdisposition bei *dm-drogerie markt* zeigt, wie in einem Dialogmilieu sogar von der Empfehlung zur Anweisung beziehungsweise zum festen Standard zurückgegangen werden kann, wenn die Sachlage allgemein einsichtig ist: Im Zusammenhang mit der Einführung des Filialdispositionssystems über EDV wurde empfohlen, zu unterschiedlichen Zeitpunkten Bestände zu überprüfen. Hier sollten Auffälligkeiten im Überbestand, Minderbestand oder Nullbestand eingegeben werden. Mit dieser Empfehlung konnten die meisten Filialen nicht sinnvoll umgehen, da auf der einen Seite zu viel gezählt (zu viel Zeitaufwand und damit Produktivitätsverlust) und auf der anderen Seite zu wenig gezählt wurde (Gefahr von Präsenzlücken). Später wurde anstelle der Empfehlung eine Anweisung gegeben. Es wurde festgelegt, dass zu bestimmten Zeitpunkten (ein Tag vor Disposition) Auffälligkeiten zu zählen sind, damit mit dieser Mindestanforderung eine höchstmögliche Präsenz und gute Produktivität gewährleistet ist.[13]

- In allen anderen, nicht prinzipiell geregelten Fällen kann Rechtssicherheit dadurch hergestellt werden, dass der »Vorgesetzte« deutlich macht, ob er Anweisung, Empfehlung oder Vereinbarung beabsichtigt. Spätestens am Ende des Gesprächs sollte das klar sein. Gegen dieses Gebot der Klarheit und Eindeutigkeit wird in der Praxis oft gesündigt. So kann zunächst als Empfehlung aufgefasst werden, was sich für den Betreffenden erst nachträglich am »Kontrollverhalten«

des »Vorgesetzten« als Anweisung entpuppt. Die vermeintliche Empfehlung erweist sich als Anweisung, das eigene Weiterdenken wird eingeschränkt, und es wird die Haltung des »Rechtmachen-Wollens« nahe gelegt. Ein weiterer typischer Fehler: Der »Vorgesetzte« behauptet hinterher, etwas sei vereinbart worden. Eine Vereinbarung ist aber immer zweiseitig. Sie bedarf einer gegenseitigen Verständigung.

- In einer funktionierenden Dialogkultur kann auch umgekehrt verfahren werden: Man spricht zunächst über die Sachfrage. Dabei wird sich vielfach ohne weiteres ein Konsens oder eine Evidenz ergeben. Es ist dann klar, wie verfahren wird (das heißt, man trifft formell oder auch informell eine Vereinbarung). Tritt aber, zum Beispiel bei schwierigen oder folgenreichen Fragen, dieser Konsens nicht ohne weiteres ein, so kann zwischen den Beteiligten besprochen werden, dass die Entscheidung vertagt wird (»Bedenkzeit«), mit dem Ziel, später zu einer Vereinbarung zu kommen. Es kann aber auch sein, dass der »Vorgesetzte« die Verantwortung übernimmt, gegebenenfalls sogar auf Bitten des »Mitarbeiters«. Das ist besonders dann sinnvoll, wenn der Mitarbeiter sich der Entscheidung nicht voll gewachsen fühlt. Man einigt (!) sich dann gegebenenfalls darauf, in Form einer »Anweisung« zu verfahren. Die Verantwortung bleibt in diesem Falle beim Geber der Anweisung. Dieses Verfahren dürfte in der Praxis selten vorkommen, sollte aber nicht von vornherein ausgeschlossen werden. – Wird nicht nur das Ergebnis, sondern auch die jeweils angewandte Führungsmaßnahme unter den Betroffenen abgesprochen, kann das die Zusammenarbeit erheblich versachlichen und das gegenseitige Vertrauen stärken. Dieses Vorgehen ist nicht zu verwechseln mit der zu Recht verpönten Rückdelegation, denn dort findet Delegation erst *nach* der Einigung statt.
  Oder aber der Mitarbeiter übernimmt den wesentlichen Teil der Verantwortung, und man einigt sich auf eine Empfehlung. Ob es also zu einer Anweisung, Vereinbarung oder Empfehlung kommt, stellt sich im vorliegend gedachten Falle erst am *Ende* des sachbezogenen Beratungsgesprächs als beiderseitig mitgetragenes Ergebnis heraus. Wichtig ist auch hier, dass für beide Seiten Klarheit erzielt wird.

Prinzipiell gilt: In einer dialogischen Kultur müssen *Klarheit* und *Eindeutigkeit* im Umgang miteinander gepflegt werden. Diese Qualitäten sind nicht einfach durch Struktur zu gewährleisten. Alles kommt auf das individuelle Verhalten und die Fähigkeiten einzelner Mitarbeiter an. In welcher Situation und mit welchem Mitarbeiter eine bestimmte Maßnahme sinnvoll ist, muss jeweils von Einzelnen in konkreten Situationen entschieden werden. Klarheit und Eindeutigkeit werden von bestimmten Organisationsstrukturen unterstützt, aber sie müssen vor allem auf persönlichen *Fähigkeiten* beruhen!

Es wird in der täglichen Praxis deutlich: Eine solche Kultur auszubilden ist eine *Bewusstseinsfrage*. Das zeigt sich zum Beispiel auch an Folgendem.

Zur Einheitlichkeit des Unternehmens

Je fortgeschrittener eine Dialogkultur gelebt wird, um so weniger kann sie als Aufforderung zur Eigenwilligkeit (im Sinne einer als »Freiheit« missverstandenen Willkür) aufgefasst werden. Dabei verliert auch ein Problemkreis an Bedeutung, der mit »Einheitlichkeit des Unternehmens« zu beschreiben ist. Nicht nur in der Theorie entsteht ja leicht ein Gegensatz zwischen der Position des Einzelnen, der eigenverantwortlich handelt, und der Situation des Unternehmens, das eine gewisse Einheitlichkeit braucht (gemeinsamer Einkauf, gemeinsames Erscheinungsbild und Ähnliches).

In einer fortschreitenden Dialogkultur verschwindet jedoch die Diskrepanz. Denn derjenige, der eigenständig handelt, wird die gebotene Einheitlichkeit des Unternehmens in dem Maß, in dem er sie überblickt, in seine Entscheidungen einbeziehen. Auch deshalb ist es wichtig, die einzelnen Mitarbeiter an der Zielsetzungsarbeit des Unternehmens kontinuierlich zu beteiligen: Wo wollen wir gemeinsam hin?

Eine solche, oft als »Leitbildarbeit« bezeichnete Tätigkeit hat ihrem Wesen nach – wie erwähnt – ihren Platz *innerhalb* der operativen Zusammenarbeit. Ihre Gesichtspunkte müssen in den Tagesbesprechungen präsent sein, gelebt werden und von Zeit zu Zeit weiterentwickelt werden können. Sie sind wesentliche Momente des Beratungsprozesses. Die gebotene Einheitlichkeit des Unternehmens führt dann nicht länger zu einer Einschränkung der individuellen Entscheidungskompetenz, sondern wird – umgekehrt – als Herausforderung für eigenständiges Handeln erlebt.

Dialogische Kultur und Führungsebenen

Die klassischen Aufgaben des »Vorgesetzten« sind bei der dialogischen Führung erweitert. Er wird zu einer Art Dienstleister, der die »Mitarbeiter« zum Beispiel mit den notwendigen Informationen versorgt. Er wird zum Berater, der dem Partner hilft, *seine* Entscheidungen zu treffen. Andererseits wird er zum kritischen Beobachter des Ausführenden mit der Pflicht, dessen Handlungen und ihre Folgen zu spiegeln. Hat sich dialogische Führungskultur eingespielt, dann kann man auch an ein Selbstverständnis denken, wie es James Levine nach seiner Ernennung zum Chefdirigenten der Münchner Philharmoniker zum Ausdruck brachte: »Ich gebe den Musikern technische Hilfe. Ich kann ihnen aber nicht die Ohren ersetzen.«[14]

Auf die Installation von Disziplinargewalt kann in einem Unternehmen selbstverständlich nicht verzichtet werden. Die Disziplinargewalt sollte jedoch personell so differenziert angesiedelt sein, dass der »Dienstleister«, »Berater« und »Kritiker« möglichst nicht zugleich mit disziplinarischer Entscheidungsgewalt über das Wohl und Wehe des Mitarbeiters ausgestattet ist. Umgekehrt kann auch die Frage entstehen: Was kann ich zur Dialogkultur beitragen, wenn meine »Vorgesetzten« hier keine Sensibilität erkennen lassen?

Wenn eine dialogische Führungskultur eingeführt ist, dann ist es erforderlich, diese Kultur von *allen* Ebenen aus aktiv zu leben. Einen Vorgesetzten, der mir eine Empfehlung gibt, ohne den Grund dafür, die Zusammenhänge und Motive zu erläutern, muss ich von mir aus danach fragen. Sonst kann ich mit seiner »Empfehlung« nichts anfangen.

Gerade dann, wenn die *inneren* Bedingungen der dialogischen Führungskultur durchdacht, bekannt und geübt sind, können sie auf allen Ebenen gleichermaßen gehandhabt werden. Denn wer dagegen verstößt, muss sich Nachfragen oder Korrekturen gefallen lassen. Eine solche Kultur steht in der Werthierarchie höher als die vermeintliche Freiheit eines Chefs, die nur persönlicher Gestimmtheit entspringt. Wer wirklich dialogische Kultur will, wird für Korrekturen dieser Art sogar dankbar sein. Denn sie helfen vor allem ihm selbst.

Maßnahmen zur Einführung der dialogischen Kultur

Aus den Anforderungen des Dialogs ergeben sich Überlegungen zur Einführung einer dialogischen Kultur in einem Unternehmen. Die Führungskultur grundlegend zu ändern gleicht einem Radwechsel während der Fahrt. Das gelingt bekanntlich nur im Märchen, und auch dort nur wenigen. Aber es sind zum Beispiel folgende Maßnahmen denkbar:

Die Einführung und Weiterentwicklung der dialogischen Führung in einem Unternehmen kann von einer Projektgruppe begleitet werden, der Mitwirkende aus allen Verantwortungsebenen und aus allen relevanten Ressorts angehören. Die Projektgruppe erhält zum Beispiel die Aufgabe, in halbjährlichem Abstand einen Bericht über den Stand der dialogischen Führung im Unternehmen vorzulegen und gegebenenfalls weitere Entwicklungsschritte vorzuschlagen.

Dialogische Führung kann außerdem gefördert werden durch

- eine Zusammenarbeit auf allen Ebenen, die von diesen selbst zu organisieren ist (Erfahrungsaustausch, Ideenbildung und so weiter);

- Zusammenarbeit *zwischen* den Ebenen über das Technisch-Organisatorische hinaus: Gesamtaspekte, Entwicklungen, Zielsetzungen und so weiter.

- Das Verfahren selbst, sein jeweiliger Stand und seine formulierten Ziele werden regelmäßig bekannt gemacht (Transparenz), sodass alle in der Lage sind, Dialogkultur zu fördern. Denn:

- Dialogische Führung kann ihrer Natur nach nicht nur »von oben« gelebt oder vorgelebt werden (auch wenn dies natürlich eine Voraussetzung bleibt), sondern jeder Einzelne an jeder Stelle des Unternehmens trägt zu ihrem Gelingen bei; zum Beispiel dadurch, dass er Beratung einfordert, Erklärungen verlangt und so weiter, aufgrund derer er selbstständig seine Entscheidungen treffen kann.

Weitere Maßnahmen sind:

- Förderung der Fähigkeitsbildung in Seminaren und Ähnliches (Schulung von Einzelnen und von »Teams«);

- permanenter Dialog über die Führungskultur – Selbstwahrnehmung und Kritik.

Es liegt in der Natur des Dialogischen, dass es nie ins Leere geht. So ist es gerade auch dann, wenn man sich auf der Grundlage einer »Empfehlung« (ohne vorab gemeinsam festgelegte Handlung) begegnet ist, notwendig, *nach* der Handlung noch einmal über das Ergebnis zu sprechen. Was ist dabei herausgekommen? Wie ist es gelaufen? Was kann man daraus lernen?

Folgen und Voraussetzungen

Die Konsequenzen

Dialogische Führung bewirkt, wenn sie gelingt, eine Verbesserung der Unternehmensentwicklung durch das zunehmend unternehmerische Handeln der Mitarbeiter. Und sie zieht kompetente und engagierte Menschen an. Andererseits wirkt sie sich im Unternehmen auch dort aus, wo aus sachlichen Gründen auf Anweisung und Kontrolle nicht verzichtet werden kann. Das ist zum Beispiel bei Bedienungsanleitungen, Richtlinien oder Checklisten der Fall – aber auch da ist individuelles Verstehen (also dialogische Fähigkeit) zu vermitteln, sonst wäre auch eine Anweisung sinnlos.

Insbesondere wird die Wahrnehmung der Gegebenheiten im ganzen Unternehmen vervielfacht. Auch die Ideenfähigkeit wird multipliziert.

Die im Dialog notwendigen gemeinsamen Blicke der Beteiligten auf denselben Sachverhalt führen ohne zusätzliche Maßnahmen zu einem regen »Feedback« und damit zur Grundlage einer lernenden Organisation.

Dialogische Führung führt außerdem zu einer Identifikation der Beteiligten mit dem Gesamtzusammenhang (dem Unternehmen). Sie darf nicht als eine besonders raffinierte Art von Motivation missverstanden werden. Vielmehr geht es bei der dialogischen Führung um eine unternehmerische Beteiligung, die Identifikation ebenso voraussetzt wie erzeugt. Der Einzelne kann und muss sich in seiner Arbeit voll »einbringen« – dialogische Führung verträgt kein Jobbewusstsein. So schwindet allmählich die Kluft zwischen »Arbeit« und »Leben« (so genannte Freizeit).

Dialogische Führung ist nicht in Maßnahmen zerlegbar. Entscheidend ist die Bildung einer »Kultur«, das heißt eines Milieus, das Eigenverantwortung fördert, indem es sie voraussetzt, und das alle dazu notwendigen Handreichungen bietet. Einzelne »Maßnahmen« stellen sich dann von selber ein. Sie sind Folge, nicht Ziel der Führungskultur. Das wurde eingangs bereits hervorgehoben.

Je mehr dialogisches Führen gelingt, um so entbehrlicher werden gesonderte Maßnahmen zur Ideenfindung (Brainstorming und dergleichen), Workshops zur Leitbildarbeit, Motivationstechniken, Konfliktstrategien und vorgeprägte Führungsmuster. Manche dieser traditionellen Führungsformen werden sich eher hinderlich auf die Entwicklung einer dialogischen Führungskultur auswirken, da sie mehr oder weniger offen mit Unselbstständigkeit, Ideenlosigkeit und fehlender Identifikation der einzelnen Mitarbeiter rechnen.

Aus all diesem ergibt sich eine weitere Konsequenz: Dialogische Führung spart Zeit. Zwar wird gelegentlich eingewandt, auf den Einzelnen individuell einzugehen, Vereinbarungs- und Empfehlungsgespräche zu führen sei doch sehr zeitaufwändig. Es kann nicht von der Hand gewiesen werden, dass die Einführung einer dialogischen Kultur in einem Unternehmen einen gewissen Zeitaufwand verursacht. Sie erfordert schon deshalb Geduld, weil die Einzelnen nicht mehr einem Tagesbefehl folgen, sondern in eine möglichst eigenständige Disposition versetzt werden müssen. Aber die Zeitbilanz ist dennoch positiv. Denn auf der anderen Seite ist in die dialogische Führungskultur vieles integriert, was sonst gesondert zu verhandeln ist (siehe oben). Und anderes, was gewöhnlich viel Zeit kostet, wie die Aufarbeitung von Missverständnissen und Konflikten, wird in der dialogischen Kultur eine viel geringere Rolle spielen – die »Reibungsverluste« sind kleiner!

Durch das in der dialogischen Kultur entstehende Vertrauen ist es möglich, wirksamer, nämlich informell miteinander umzugehen, sich gegenseitig Informationen zuzurufen und sich auszuhelfen. Dies pflegt man mit einem nicht ganz glücklichen Wort als »Teamgeist« zu bezeichnen. Dieser Teamgeist hat unter vielen anderen Vorzügen auch den, enorm zeitsparend zu sein. Zur Frage des Zeitaufwands lässt sich deshalb resümieren: Wer Bewusstseinsleistung investiert, wird außer Effizienz, Treffsicherheit und Abbau von Stress auch Zeitersparnis ernten.

Wer hingegen glaubt, »keine Zeit« zur Einführung der dialogischen Führung zu haben, muss sich mit dem bekannten Waldarbeiter vergleichen lassen, der ebenso eifrig wie ineffektiv mit einer stumpfen Säge arbeitet. Die Aufforderung, zuerst einmal seine Säge zu schärfen, lehnt er ab: Dazu habe er jetzt keine Zeit!

Selbstführung

Aus alledem ergibt sich eine Folge für die soziale Praxis: Wer führen will, darf sich selbst dabei nicht übergehen. Eine Selbstverständlichkeit? Die Praxis zeigt oft genug, dass wir uns beim Handeln aus den Augen verlieren, wie Kinder, die sich selbst vergessen, wenn sie in einer Runde die Teilnehmer an einem Spiel abzählen wollen. Was auf dem Schulhof zu Streit führt, hat im Alltag der Erwachsenen fatale Folgen. Es ist im günstigsten Falle ineffizient und eine Verschwendung von Ressourcen, im schlimmeren Fall droht ein Rückfall für das Unternehmen. Wer die dialogische Führung verwirklichen will, wird sich immer zuerst fragen, ob er selbst die Voraussetzungen dazu erfüllt, beziehungsweise wie er sie erlangen könne.

Dieser Hinweis kann nicht gegeben werden, ohne zugleich vor zwei verbreiteten Fehlformen von »Selbstführung« zu warnen. Die eine besteht darin, Selbstführung mit Verhaltensänderung zu verwechseln. Wie wirke ich nach außen erfolgreich (dann bin ich es schließlich auch)? Wie mache ich es, dass ich mir selbst ganz toll vorkomme (dann werde ich vielleicht auch so)? Ideenreichtum und Entscheidungskraft sind gefragt? Dann trainiere ich eben ein Verhalten, das wenigstens so aussieht. Die Gelegenheiten, Verhaltens- oder Psychotraining einzukaufen, sind Legion. Nach allem Beschriebenen besteht sicher nicht die Gefahr, dass dies mit der hier gemeinten »Selbstführung« verwechselt wird.

Eine zweite Fehlform gehört in den Bereich der intrinsischen Motivation. Bei ihr werden die Motivationstechniken und -ziele scheinbar nach »innen« verlegt. Die mit Motivation verbundene Unfreiheit kommt dann nicht länger von außen, sondern sie ist selbst erzeugt und fällt dadurch weniger auf. Was Kai H. Matthiesen als »das Menschenbild des lean management« zusammenfasst, kann man geradezu als eine Stufenfolge innerer Unfreiheit verstehen[15]:

1. »Der Mensch passt sich allen systemisch gegebenen Bedingungen an.

2. Der Mensch erweist sich im Rahmen dieses Anpassungsverhaltens als lernfähig.

3. Der Mensch lernt und festigt seine Anpassungen im Geflecht sozialer Beziehungen.

4. Der Mensch findet Identität in vorgegebenen Strukturen.«

Die erste Stufe »Der Mensch passt sich allen systemisch gegebenen Bedingungen an« klingt harmlos. Ich begegne der Welt, und selbstverständlich gehe ich auf die Welt zu und distanziere mich nicht von vornherein. Es fällt aber auf, dass von einer Anpassung an *alle* systemisch gegebenen Bedingungen die Rede ist. Der Mensch entäußert sich tendenziell alles Eigenem. Damit ist bereits eine Richtung vorgegeben, die sich auf der zweiten Stufe noch verstärkt: »Der Mensch erweist sich im Rahmen dieses Anpassungsverhaltens als lernfähig.« Er verbessert aus freien Stücken sein Anpassungsverhalten. Er optimiert beim Lernen nicht seine Eigenständigkeit, sondern seine Anpassung, und dies aus eigenem Antrieb. Die dritte Stufe: »Der Mensch lernt und festigt seine Anpassungen im Geflecht sozialer Beziehungen.« Er findet andere um sich herum, die es genauso machen; es ist »normal«, so zu leben; es ist allgemein akzeptiert. Man festigt seine Anpassung schließlich dadurch, dass man sie gar nicht mehr als solche bemerkt. Man hält sich für eigenständig, kreativ und erfolgreich – und verliert aus dem Auge, dass man ständig die von anderen vorgegebenen Ziele auf eine ebenso vorgegebene Weise erfüllt.

Für hartnäckige Fälle gibt es noch ein besonderes Disziplinierungsmittel: Man sieht sich einem Gruppendruck ausgesetzt, der jeden zum Sonderling stempelt, der die gegebenen Verhältnisse auch nur in Frage stellen will. Wer sich schon vorher in Anpassung geübt hat, wird kaum noch in der Lage sein, dieser Ausgrenzung zu widerstehen. Beispiele dafür gibt es ja genug (bei den Schulkindern angefangen).

Die vierte Stufe: »Der Mensch findet Identität in vorgegebenen Strukturen«, das heißt, er findet seine Identität gerade in dem, was *nicht* mit ihm selbst identisch ist! Er glaubt, bei sich selbst angekommen zu sein, und merkt nicht, dass das Gegenteil der Fall ist.

Bei diesen vier Stufen sich steigernder Unfreiheit ist bemerkenswert, dass kein äußerer Zwang einwirkt, sondern dass eine fortschreitende Verinnerlichung der Unfreiheit beschrieben wird: zunehmende Unfreiheit bei zunehmender Freiwilligkeit.

Der Mensch wird damit zu einer »Restgröße in diesem marktwirtschaftlichen Systemspiel«.[16] Diese Art von Motivation ist lediglich das Ergebnis von Selbstdressur. Der Mensch – ein Tier, das sich selbst hegt?[17]

Dieser Stufenfolge der Unfreiheit kann auf der Basis der dialogischen Führungskultur eine Stufenfolge der inneren Autonomie entgegengesetzt werden, die etwa so aussieht:

1. Der Einzelne interessiert sich dafür, was er an gegebenen Bedingungen vorfindet, und versucht, diese kennen zu lernen und zu verstehen. – Ich stelle mich als Subjekt der Welt der Objekte gegenüber, statt mich »allen systemisch gegebenen Bedingungen anzupassen«.

2. Der Einzelne erkennt, dass er vor dem Hintergrund dieser Bedingungen gestalten kann, wenn er sich entsprechende Fähigkeiten erwirbt

(siehe unten: »Die Haltungen des Dialogischen«). – Ich lerne, um den von mir selbst entdeckten Unzulänglichkeiten abzuhelfen, aber nicht, um Anpassungsverhalten zu optimieren.

3. Die Gemeinschaft realisiert und steigert die Fähigkeiten der Einzelnen dadurch, dass diese in die Gemeinschaftsvorgänge eingebracht werden (siehe oben: »Die Prozesse der Zusammenarbeit«). – Die »sozialen Beziehungen« dienen meiner inneren Befreiung und der Befreiung anderer Menschen – nicht der Anpassung.

4. Der Einzelne identifiziert sich mit dem Ganzen, indem er die vorgegebenen Bedingungen und seine eigenen Gestaltungsimpulse in Einklang bringt: Er übernimmt Verantwortung und entwickelt Initiative.

Die hier stufenweise gelebte Freiheit entsteht nicht durch Rückzug aus der Umgebung (Freiheit durch Isolation), auch nicht durch die von Matthiesen gebrandmarkte Anpassung an die Umgebung, sondern dadurch, dass ich mich mehr und mehr in das Ganze hineinlebe und dieses Ganze beim Hineinleben mit gestalte (Freiheit durch Integration).

Dialogische Führung kann nicht einfach »organisiert« werden. Organisation gehört dazu, aber als Folge und nicht als Ursache. Zuerst muss sich die Einstellung ändern, die Fähigkeit, mit Menschen umgehen zu können. Das geht nicht von allein und nicht von heute auf morgen. Fähigkeiten können aber entwickelt werden. Doch dazu muss man wissen, was und wie. Wer anderen Entwicklung ermöglichen will, muss sich selbst auf den Weg gemacht haben. Wichtige Fähigkeiten lassen sich aus den Bedingungen und Voraussetzungen der dialogischen Führung erkennen. Es kommt dann darauf an, sie zu üben.

Anregungen dazu will der dritte Teil mit der Beschreibung der »Haltungen« des Dialogischen geben.

Zu sagen, hier
herrscht Freiheit,
ist immer ein Irrtum
oder auch eine Lüge.
Freiheit herrscht
nicht.

Erich Fried

Dritter Teil –
Grundlagen: Welche Fähigkeiten werden gebraucht?

> Freiheit im tiefsten Sinne des Wortes bedeutet jedoch mehr, als ohne Rückhalt zu sagen, was ich denke. Freiheit bedeutet auch, dass ich den anderen sehe, mich in seine Lage hineinzuversetzen, in seine Erfahrungen hineinzufühlen und in seine Seele hineinzuschauen vermag und im Stande bin, durch einfühlsames Begreifen von alledem meine Freiheit auszuweiten. Denn was ist das gegenseitige Verständnis anderes als die Ausweitung der Freiheit und die Vertiefung der Wahrheit?
>
> *Vaclav Havel*

Die Haltungen des Dialogischen

Führung, die mit dem einzelnen Menschen rechnet, braucht das Gespräch, den *Dialog*. Im zweiten Teil dieses Buches wurde gezeigt, wie der Dialog im Unternehmensalltag konkret berücksichtigt werden kann. Es geht nicht darum, *viel* zu reden, sondern darum, immer *besser* miteinander zu kommunizieren. So wird der Alltag zugleich zur Übungschance. Deutlich werden die eigenen Grenzen erlebt, wenn die Herausforderung individueller Verantwortung wächst und zugleich die Verständigung mit anderen gesucht werden muss. Es zeigt sich aber auch ebenso bestimmt, welche Fähigkeiten zum Dialog gebraucht werden. Im dritten Teil soll nun nach solchen Fähigkeiten gefragt werden, die im Dialog zu entwickeln sind. Sie werden hier als »Haltungen des Dialogischen« bezeichnet.

Dialogische Führung bedeutet nicht nur, dass man miteinander im Gespräch bleibt, sondern sie ist zugleich eine Denkweise, die den anderen ernst nimmt. In ihrem Zentrum steht die Absicht, die anderen Menschen wirklich zu verstehen und sich ihnen verständlich mitzuteilen. Das eine ist die immer wieder unterschätzte Bedingung für das andere. Dadurch schaffe ich nicht nur Freiräume für die anderen Menschen, sondern erweitere auch meine eigene Freiheit: Ich lerne überhaupt erst kennen, was Freiheit wirklich ist. Denn nur wenn ich aktiv zu verstehen versuche, kann ich einigermaßen sicher sein, nicht auf selbst produzierte Missverständnisse zu reagieren. Und zudem habe ich die Möglichkeit, meine eigene Position zu überdenken und meinem Erfahrungs- und Meinungsgefängnis zu entkommen. Mein Denken wird »flüssig«. Meine Freiheit vergrößert sich ebenso wie mein Wissen. Und ich begegne zugleich den anderen Menschen da, wo sie ganz sie selbst sind: bei ihren Anliegen, Zielen und Motiven.

Dadurch wird auch eine Befreiung im Umgang mit den eigenen Absichten möglich. Die übliche Haltung dem anderen Menschen gegenüber läuft, wenn man es extrem formuliert, entweder auf Rücksichtslosigkeit hinaus oder auf Instrumentalisierung. Mit anderen Worten: den anderen mit seinen Interessen (die den eigenen möglicherweise entgegenlaufen) auszuschalten und sich selbst in eine dominante Position zu bringen.

Oder es wird versucht, den anderen mit seinen Fähigkeiten und Interessen für die eigenen Vorhaben einzuspannen. Dazu bedarf es gar nicht des Eingehens auf den Menschen selbst, es genügt, sich seine vorherrschenden Persönlichkeitsmerkmale bewusst zu machen, ihn als Glied einer Gruppe zu nehmen oder in seiner gesellschaftlichen Rolle anzusprechen. Hackordnung tritt an die Stelle zwischenmenschlicher Beziehungen.

Jeder weiß, wie viel Zeit und Kraft durch dieses Verhalten vergeudet wird und wie viel Lebensfreude verloren geht, wenn man die soziale Welt letztlich nur nach »Gewinnern« und »Verlierern« einteilt. Auch der »Gewinner« wird dabei nicht glücklich. Auch der »Gewinner« ist Gefangener seines eigenen Handelns. Verstehen des anderen bedeutet also auch, sich aus dem Gefängnis der eigenen Absichten zu befreien, Abstand zu ihnen zu gewinnen.

Es bedeutet nicht nur viel für den Einzelnen, sondern auch für die ganze Arbeitsgemeinschaft, wie sie ein Unternehmen darstellt, wenn im

Rahmen der dialogischen Führung die Individualität im Verstehen und Mitteilen in den Mittelpunkt gestellt wird. Bedeutendes kann heute nur noch im Miteinander realisiert werden. Und dieses Miteinander setzt nicht subalterne Handlanger voraus, sondern selbstständige, initiativ tätige Menschen. In wichtigen Dingen genügt es nicht, die Duldung aller Beteiligten zu haben, sondern sie müssen von der Sache auch selbst überzeugt sein. Man ist immer in der Versuchung, dies zu leicht zu nehmen. Es ist schnell gesagt, dass es besser ist, solche »Zustimmung« zu finden, als Zwang auszuüben. Es kommt aber auf die Qualität dieser Zustimmung an. Es geht dabei um eine eigenständige Erkenntnis des Partners, die ihm nicht von außen implantiert werden kann. Weil es darum geht, mit Menschen und nicht mit Masken zu tun zu haben, ist es ein Gebot erfolgreichen Handelns, sich dem anderen wirklich verständlich zu machen. Er muss verstehen können, was ich *meine* (und nicht nur meine Worte hören) – unabhängig davon, ob er es billigt. Und auf der anderen Seite geht es darum zu versuchen, den anderen, seine Einsichten und Positionen wirklich zu verstehen.

Das ist keineswegs so utopisch, wie es manchem vorkommen mag. Kümmere ich mich nur um die tatsächlich vollzogenen Handlungen des anderen, so spielt sehr viel Unpersönliches mit hinein. Gelingen oder Misslingen hängt nicht nur von ihm selbst ab. Beziehe ich aber seine Zielsetzungen, Motive und Handlungsimpulse in meinen Versuch des Verstehens mit ein, so bin ich ganz nah bei seiner Individualität. Dabei kommt es nicht in erster Linie darauf an, was schon gelingt – das wird im Laufe der Zeit immer noch steigerungsfähig sein. Vielmehr kommt es auf die Willensrichtung an: *Will* ich den anderen verstehen, oder will ich das eigentlich gar nicht?

Hier gilt es auch, sich vor Verwechslungen zu hüten: Es gibt heute vielfältige Anstrengungen, ein Verstehen-Wollen vorzugeben, das aber in Wirklichkeit nur dem Zweck dient, den anderen dazu zu bringen, sich zu öffnen – damit er besser instrumentalisiert werden kann. Da diese trickreichen Verhaltensweisen heute in der Regel allseits bekannt sind, verlieren sie ohnehin viel von ihrer Wirkung. Sie werden mehr und mehr zu einem sinnlosen und zeitraubenden Spiel.

Worauf also ist im Besonderen die Aufmerksamkeit zu lenken? Es gibt Dinge, auf die man nicht einfach hinweisen kann, obwohl sie da sind. Vielmehr gilt es, allmählich die eigene Einstellung zu verändern, sonst kann man sie nicht gut sehen. Das gilt auch für den dialogischen Charakter des Erkennens. Ich muss mich aktiv darauf einlassen wollen, die Vorgänge um mich herum, die anderen Menschen und mich selbst zu verstehen. Dazu kann ich spezifische Haltungen einnehmen, durch die jeweils ein anderer Bereich des Lebens schärfer in den Blick gerät.

Wir kennen sie im Grunde, vermissen sie auch oft im Gespräch, wünschen uns, dass sie schon von allen Gesprächsteilnehmern als Fähigkeiten ausgebildet wären – zum Beispiel die Kunst, wirklich gemeinsam zur Sache zu kommen und auch bei der Sache zu bleiben. Man kann solche Haltungen zuerst für sich durchdenken und sich vorstellen, wie sie wirken könnten; man kann sie auch einmal probeweise einnehmen. Das gelingt zunächst mehr oder weniger gut. Ein bewusst auf dialogische Führung angelegter Arbeitszusammenhang bietet darüber hinaus die Gelegenheit, solche grundlegenden Haltungen als Fähigkeiten einzuüben. Davon ist am Ende dieses Kapitels die Rede.

> Werde, der du bist;
> doch erkenn's erst.
>
> *Pindar*

1. Gemeinsam einen Zusammenhang mit der Wirklichkeit herstellen

Hier geht es vor allem um Sachgerechtigkeit im Denken. Habe ich wirklich den Sachverhalt im Blick oder nur meine eigene Situation? Wenn ich den Sachverhalt im Blick habe: Beziehe ich ihn – offen oder insgeheim – doch immer nur darauf, was mir gefällt oder was mir nützt und was ich schon kenne? Ich kann große Teile meiner Umwelt akribisch genau untersuchen und damit große Erkenntnisleistungen vollbringen – solange ich nur mein eigenes Wohl und Wehe im Auge habe, werde ich der Wirklichkeit (dem Unternehmen, meiner Umwelt und so weiter) nicht gerecht. Ich blende wesentliche Faktoren aus oder bewerte Nebensächliches zu hoch.

Diese Haltung ist recht verbreitet. Sie bestimmt unseren Alltag und ist ja auch nicht einfach abzulehnen. Wir kämen ohne sie nicht aus. Wir kämen nicht einmal heil über die Straße, wenn wir nicht das Verkehrsgeschehen blitzschnell auf uns und unsere eigene Situation bezögen. Wichtig ist aber, *unterscheiden* zu können. Jeder weiß theoretisch, dass die hier skizzierte Subjektorientierung in Fragen der Zusammenarbeit und der Unternehmensgestaltung nur begrenzt weiterhilft. Es besteht die Gefahr, dass das Unternehmen nur als die Summe (oder als das kleinste gemeinsame Vielfache) der persönlichen Interessen angesehen wird. Die Beiträge zum Ganzen bestehen dann darin, die eigenen Standpunkte und Interessen geltend zu machen.

Gelingt es demgegenüber, den Blick auch einmal umzudrehen und vom Ganzen auf das je Einzelne zu blicken? Gelingt es, Vorgänge als solche zu beurteilen und nicht nur im Hinblick auf Nutzen und Schaden für mich oder meine Interessengruppe? Zu einer solchen Sachorientierung im Denken und Sprechen kann ich zum Beispiel dadurch kommen, dass ich den Vorgängen gegenüber, die mir begegnen, die Frage nach den Ursachen und nach den Konsequenzen stelle. »Warum?« ist hier eine Art Zauberwort. Warum ist die Sache so, wie sie ist? Wie ist sie entstanden? Welche Faktoren haben dazu beigetragen? Was folgt aus den Gegebenheiten? Ich befrage dann die mir gegenüberstehende Wirklichkeit nach ihren inneren Zusammenhängen, Hintergründen und Folgen.

Ohne dass möglichst viele Menschen in einem Unternehmen wenigstens gelegentlich diese Blickrichtung einnehmen, kommt das Unternehmen nicht weiter. Aber auch der Einzelne kommt nicht weiter, denn er bleibt im Gefängnis seiner eigenen Einstellungen. Er versagt sich die befreiende Umwendung des Blickes und die damit verbundene Bereicherung. Es geht also hier nicht darum, Ansichten über die Wirklichkeit untereinander auszutauschen, sondern darum, gemeinsam den Blick auf die Wirklichkeit schärfer zu machen und damit eine wesentliche Voraussetzung für die Zusammenarbeit zu schaffen. Es geht um Erkenntnis, nicht um Meinungsaustausch.

Wie kann ein Mensch Sinn für etwas haben,
wenn er nicht den Keim davon in sich hat?
Was ich verstehen soll, muss sich in mir
organisch entwickeln; und was ich zu lernen
scheine, ist nur Nahrung, Inzitament des
Organismus.

Novalis

2. Eindeutigkeit in der Begegnung der Absichten erreichen wollen

Von Kindesbeinen an haben wir gelernt zu trennen: die Oberfläche des
Gesprächs von seinem »Dahinter«. Schon die Schüler können belauern,
was der Lehrer »eigentlich« meint. Rasch wird das gesprochene Wort,
das mitgeteilte Bild, der ausgeführte Gedanke durchstoßen und die
wie auch immer gemeinte gute oder weniger gute Absicht dahinter gesucht. Ein Lieblingssport der Erwachsenen! Und ist nicht tatsächlich
überall Vorsicht geboten? Lernen wir nicht ebenso von Anfang an, mit
diesen zwei Wirklichkeiten des Gesprächs umzugehen: hinter der Oberfläche des Gesagten das eigentlich Gemeinte, das Beabsichtigte verbor-
gen zu halten? (Die – wirkungsvolle – »ablenkende Kommunikation«
der Werbung hat hier ihr Urbild.) Misstrauen ist also wirklich berech-
tigt, und es ist angesagt. Wir brauchen ja nur von uns auf andere zu
schließen ...

Doch so kommt kein wirkliches Gespräch zustande, kann keine
offene Begegnung von unterschiedlichen Absichten erfolgen. Es geht
nicht um ein harmoniesüchtiges Verwischen unterschiedlicher Ziele,
Wünsche und so weiter in der Begegnung. Aber wenn diese sich verber-
gen, auch im eigenen Bewusstsein wegtauchen, ist Täuschung und
Selbsttäuschung gegeben. Und dann beginnt die argwöhnische Suche
nach der verborgenen Wirklichkeit dieser Absichten und vergiftet die
Atmosphäre der Begegnung.

Wie würden wir uns unsere Gesprächspartner wünschen? Wenn sie doch ihre Absichten selber kennten und im Griff hätten – so könnten diese ja zur offenen Auseinandersetzung auf den Tisch kommen! Aber das müssten wir ebenso auch von uns selber verlangen. Gelingt es uns wenigstens ansatzweise, in Gesprächen gemeinsam eine solche Haltung zu unseren Absichten einzunehmen, so ist deren mögliche Verschiedenheit, vielleicht Gegensätzlichkeit ja nicht verwässert. Aber eine andere Haltung zum anderen wird jetzt möglich: Wer mit offenem Visier kämpft, dem kann man ins Gesicht schauen. Und nur der direkte Blick, der nichts entlarven, durch-schauen will, weil er nichts mehr »dahinter« suchen muss, ist der verstehende Blick. Ich kann mein Gegenüber ernst nehmen, auch wenn ich etwas anderes will als er.

Von sich zurücktreten
wie ein Maler
von seinem Bilde –
wer das vermöchte!

*Christian Morgenstern
(nach Euripides)*

3. Gefühle und Emotionen in den Dienst des Verstehens stellen

Im Erkennen und Handeln kämpfe ich ständig mit meinen Sympathien und Antipathien anderer Menschen gegenüber. Man spricht heute schon vom Problem der emotionellen Blockade. Diese kann positiv oder negativ sein. Ich kann auf meine Sympathien hereinfallen oder mich durch Antipathien lähmen lassen.

Wie kann ich mit diesen Gefühlen umgehen? Sie betreffen ja meine innerste Situation und sind viel schwerer ins Bewusstsein zu holen als die Erkenntnisse und Handlungen selbst. Es hat keinen Sinn, die Gefühle unterdrücken zu wollen. Es kommt aber auch nichts dabei heraus, wenn ich ihnen einfach nur Raum gebe. Wenn ich will, kann ich sie jedoch umwandeln und in den Dienst des Verstehens stellen. Das geschieht zum Beispiel, indem ich mich nicht damit aufhalte, *dass* der andere mir unsympathisch ist, sondern indem ich mich frage, *warum* er dies ist. Gehe ich dieser Frage nach, werde ich wertvolle Aufschlüsse über mich selbst und über den anderen Menschen gewinnen. Das Gefühl wird blicklenkend, es wird zu einem Erkenntnisorgan, das tiefer in die Wirklichkeit einzudringen vermag als der Verstand.

> **E**in Erfordernis: das Problem vom
> Gefühlsding bis zu einer klar gefassten
> intellektuellen Form zu treiben –
> und danach zu handeln.
>
> *Dag Hammarskjöld*

4. Die gemeinsame Sache vorwärts bringen

Will ich die gemeinsame Sache vorwärts bringen, so werde ich davon absehen, in erster Linie mich und meine Ansicht durchzusetzen, zu überreden oder rhetorisch zu obsiegen, ohne zu überzeugen. Dadurch, dass beispielsweise in einem Gespräch meistens das Unzureichende der anderen Ansichten hervorgehoben wird, kommt weder die Sache besonders weiter, noch wird eine Begegnung möglich. Denn wenn meine Ansicht kritisiert wird, fühle ich mich auch als Person verletzt. Nicht selten führt das zu ebenso langwierigen wie unnötigen Verteidigungsstrategien.

Hier gilt es, ein dialogisches Verfahren zu praktizieren, das den Vorgang umdreht: Ich bemühe mich, statt Falsches zurückzuweisen, Weiterführendes aufzugreifen. Oftmals taucht das Positive wie von alleine schon dann auf, wenn man das Falsche weglässt. Das Falsche lasse ich einfach stehen.

In jedem Gesprächsbeitrag wird etwas Unzureichendes enthalten sein. Vielleicht steckt aber auch in jedem »Unsinn« etwas, das weiterführen könnte, wenn ich es entdecke. Begebe ich mich mit dieser Hypothese in die Sachgespräche, so werde ich die erstaunlichsten Erfahrungen machen. Statt das Unzureichende des Vorredners hervorzuheben, dadurch meine eigene Position zu verbessern und gleichzeitig das Prestige des anderen anzukratzen, kann ich genauso gut dasjenige betonen, was an seiner Rede weiterführt, was mich beeindruckt hat, was mir neu war, was mir selbst vielleicht sogar zu einer neuen Idee verholfen hat. Statt immer *gegeneinander* zu reden, kann man sich auch vornehmen, *miteinander* auf ein gemeinsames Ziel hin zu sprechen.

Das hat eine Reihe von Vorteilen. Nicht der geringste dürfte darin bestehen, dass im wirklichen Dialog Ideen eine Chance haben, während sie in der üblichen Diskussion eigentlich kaum eingebracht werden können. Denn Ideen, solange sie noch nicht abgesichert und damit zu Thesen oder gar Theorien geworden sind, sind etwas sehr Empfindliches. Es ist ja meistens überhaupt nicht schwer, sie gleich nach ihrem Auftreten niederzumachen. Dazu gibt es sogar eine Reihe bewährter Killerphrasen (»Das haben wir noch nie gemacht!«, »Das machen wir doch längst!«, »Wozu soll denn das gut sein?«, »Wer soll das bezahlen?« oder auch: »Wie schön, dass Sie auch einmal eine Idee haben!«). Das führt bekanntlich dazu, dass in den meisten Sachgesprächen Ideen gar nicht mehr eingebracht werden, denn sie haben wenig Chancen.

Spreche ich dialogisch, das heißt auf das Positive, Weiterführende zentriert, dann kann das Gegenteil eintreten. Ideen werden nicht nur aufgenommen, sondern vielleicht sogar von den Gesprächsteilnehmern weitergeführt, verbessert oder konkretisiert. Auf diese Chance sollte man eigentlich nicht verzichten – aber sie setzt ein dialogisches Denken voraus und ein Interesse sowohl an der Sache als am anderen, wie man es in den genannten Haltungen üben konnte.

Wer solches versucht, wird bald feststellen, dass man sich auf diese Weise leicht einem gemeinsamen Ziel nähern kann – sogar einem Ziel, das von Anfang an gar nicht in voller Deutlichkeit vor Augen gestanden haben muss, sondern sich erst im Laufe des Gesprächs herausstellt.

In der Idee leben heißt,
das Unmögliche behandeln, als wenn
es möglich wäre.

Johann Wolfgang von Goethe

5. Für Unerwartetes offen sein

Pflege ich diese Haltung, so kämpfe ich mit meiner eigenen Erfahrungs-
orientiertheit (»Meinungsfalle«): Was geht oder was nicht geht, weiß
ich doch längst. Durch diese Orientierung am Vergangenen kommt
zwar vielleicht eine (scheinbare) Sicherheit in das Seelenleben, es kann
aber keine Bereicherung stattfinden. Das Alterfahrene hält Neues fern.
Im Gegensatz dazu kann ich versuchen, der Zukunft ein aktives Interesse entgegenzubringen; mich zu öffnen gerade dem gegenüber, das ich
noch nicht kenne: eine geistige Öffnung ins Undefinierte, ohne einen
konkreten Gegenstand. Der kann sich ja erst einstellen, wenn ich einigermaßen offen bin.

Dass dabei auch das andere Extrem zu vermeiden ist, etwa eine
schwärmerische Naivität, von jedem Unsinn begeistert zu sein, ist
selbstverständlich, gelingt aber gerade dann besonders gut, wenn die
charakterisierte Bemühung eine gemeinschaftliche ist.

> Die Kraft des Schöpferischen kann nicht genannt
> werden. Sie bleibt letzten Endes geheimnisvoll.
> Doch ist es kein Geheimnis, was uns nicht grundlegend
> erschütterte. Wir sind selbst geladen von dieser Kraft bis
> in unsere feinsten Teile. Wir können ihr Wesen nicht
> aussprechen, aber wir können dem Quell entgegengehen,
> so weit es eben geht. Jedenfalls haben wir diese Kraft
> zu offenbaren in ihren Funktionen, wie sie in uns selbst
> offenbar ist.
>
> *Paul Klee*

Zusammengefasst ergibt sich aus den fünf Haltungen des Dialogischen
eine Charakterisierung von »Dialog«, die gegenüber der üblichen
»Diskussion« deutlich verschieden ist. Diese Unterscheidung ist nicht
neu, allerdings in der Praxis noch sehr unüblich. Peter M. Senge unterscheidet zum Beispiel: »Kennzeichnend für den Dialog ist, dass man
frei und kreativ komplexe und subtile Fragen erforscht, einander inten-

siv ›zuhört‹ und sich nicht von vornherein auf eine Ansicht festlegt. Im Gegensatz dazu werden in einer Diskussion unterschiedliche Meinungen präsentiert und verteidigt, und man sucht nach den besten Argumenten für gerade anstehende Entscheidungen. Dialog und Diskussion können sich potenziell ergänzen, aber die meisten Teams verfügen nicht über die Fähigkeit, zwischen den beiden zu unterscheiden und bewusst zwischen beiden hin- und herzuwechseln.«[18]

Die Kernproblematik, die einer Verwirklichung des Dialogs im praktischen Leben immer wieder entgegensteht, liegt in der Frage, was ich denn dazu tun kann, um das Dialogische selbst zu realisieren. Es sind ja keineswegs nur die Teams, denen es nicht gelingt, zwischen Dialog und Diskussion bewusst zu unterscheiden (falls sie das überhaupt wollen!). Vielmehr sieht sich auch der Einzelne vor die Frage gestellt, wie es ihm gelingen kann, das Vorhaben »Dialog« selbst zu realisieren. Diesem Ziel dienen die beschriebenen fünf Haltungen. Ich kann mich um sie bemühen, um die Kräfte der Individualität so zu stärken, dass sie die eingangs charakterisierten Ziele verfolgen können. Es ist wohl auch bis hierhin schon deutlich geworden, dass die je individuellen Bemühungen um diese Verstärkung sofort auch soziale Auswirkungen haben. Wenn ich den anderen wirklich zu verstehen suche, wird auch er sein Verhalten ändern. Wenn ich an der geistigen Autonomie meiner Mitarbeiter interessiert bin, dann hat das unmittelbare Auswirkungen auf deren Tätigkeit.

Der lange Umweg, den ich angetreten,
war doch der nächste Weg zu mir.

Oskar Loerke

Im Folgenden wird abschließend noch auf zwei Folgen der dialogischen Führung hingewiesen, die in allen Fragen der Zusammenarbeit heute von besonderer Bedeutung sind.

Vertrauensbildung durch dialogische Führung

Eine vertrauensvolle Zusammenarbeit setzt Leistungspotenziale frei und erhöht zugleich die Zufriedenheit der Teilnehmer. Dialogische Führung trägt zur Vertrauensbildung bei, ohne dass dabei an besondere vertrauensbildende Maßnahmen gedacht werden müsste. Vertrauen ist so etwas wie eine Nebenwirkung des Dialogs. Es entsteht auf den verschiedenen Ebenen der Zusammenarbeit, die durch die vier »Prozesse der Zusammenarbeit« charakterisiert worden sind:

1. **Individuelle Begegnung: Vertrauen in den anderen Menschen.**
   Wenn versucht wird, sich gegenseitig als Individualität zu verstehen, werden Barrieren des Misstrauens wirksam abgebaut. Verstehen heißt ja, über Sympathie und Antipathie hinauskommen. Und gerade diese sind es, die sonst Vertrauen oder Misstrauen nach sich ziehen. Ohne direkte, offene Begegnung kommt jede vertrauensvolle Zusammenarbeit rasch zum Erliegen. Jeder baut sich dann seine eigene Burg, es bilden sich Anhänger- und Gegnerschaften, und schließlich bringt man einen großen Teil seiner Zeit und Kraft damit zu, sich persönlichen Querelen zu widmen.
   »Verstehen« ist ein erstes Zauberwort für die Vertrauensbildung.

2. **Transparenz: Vertrauen in die Abläufe.**
   Art und Umfang der Transparenz im Unternehmen sind eine zweite wichtige Ursache für Vertrauensprobleme. Werden Informationen zurückgehalten oder selektiv gestreut, so wird Wissen zu einer Machtfrage, die naturgemäß von Misstrauen begleitet ist. Sehr häufig ist aber auch zu beobachten, dass Informationen gar nicht aus bösem Willen zurückgehalten werden, sondern weil man gerade an die anderen nicht gedacht hat. Viele Konflikte, die später eskalieren, lassen sich auf ein solches »verschlafenes Informationsmilieu« zurückführen. Hier wach zu sein ist eine wichtige Grundlage für die allgemeine Vertrauensbildung untereinander.
   »Informieren« ist ein zweites Zauberwort der Vertrauensbildung.

3. **Beratung: Vertrauen in die gemeinsamen Ziele.**
   Während Meinungen und Standpunkte die Menschen voneinander

trennen und letztlich zu Einsamkeit und Misstrauen führen, stellt die
in der Beratung gesuchte Ideenbildung ein gemeinsames Element in
den Vordergrund. Hier geht es nicht, wie bei der Transparenz, um die
gegenwärtigen Verhältnisse und Abläufe, sondern um die Zukunft:
Wohin wollen wir gemeinsam gehen? Wenn es gelingt, im oben
beschriebenen Sinne Beratung zu pflegen, dann ist Vertrauen einerseits vorausgesetzt, andererseits wird es verstärkt. Ideenbildung in
einem Milieu des Misstrauens ist sachlich unmöglich.
»Gemeinsame Ziele verfolgen«: Das ist ein drittes Zaubermittel für
die Vertrauensbildung.

4. Entschluss: Vertrauen in die Verantwortungsfähigkeit des anderen.
Wenn dem Entschluss, wie beschrieben, eine ausführliche Beratung
vorausgeht, und wenn die Urheber des Entschlusses diesen auch
wirklich in der Zukunft verantworten müssen, dann ist eine weitere
Vertrauensgrundlage gegeben. Die weit verbreitete Sucht nach
Beschlüssen im großen Kreis entspringt letztlich nur einem (möglicherweise ja berechtigten) Misstrauen. Man muss überall dabei
gewesen sein, sonst wird man übergangen. Selbst wenn sich ein Entschluss nach längerer Beratung nicht in seiner Evidenz einstellt – was
jedoch meistens der Fall sein wird –, so ist es der Gipfel der Vertrauensbildung, einem Einzelnen oder einigen wenigen den Entschluss
anheim zu stellen. Man vertraut dann nicht nur ihrer moralischen
Integrität, sondern auch ihrer Fähigkeit und ihrem Willen, als Einzelne das Ganze und darin jeden Betroffenen im Auge zu haben. Hier
wird am deutlichsten, dass Vertrauen nur geschenkt und nicht gefordert werden kann, und dass ein durch Kontrollinstanzen empirisch
abgesichertes Vertrauen eigentlich keines ist. Wer diese Art der Be-
schlussfassung prinzipiell für unmöglich hält, muss dann gleich auch
sagen, dass menschliche Gemeinschaft nur darin bestehen kann, sich
gegenseitig in Schach zu halten.
In der »Verantwortung der Einzelnen« für das Ganze liegt ein weiteres Geheimnis der Vertrauensbildung.

Misstrauen ist dabei nicht der einzig mögliche Gegensatz zum Vertrauen. »Blindes Vertrauen« stellt einen weiteren Widerspruch dazu

dar.[19] Es ist Schein-Vertrauen ohne reale Grundlagen. Es liegt auf der Hand, dass auch diese Gefahr durch ein dialogisches Milieu der Zusammenarbeit gar nicht erst entsteht. Durch »individuelle Begegnung« habe ich die anderen Menschen real vor mir und stehe im Austausch mit ihnen. »Transparenz« deckt auch die dunklen Punkte und ungelösten Fragen auf und wirkt dadurch ent-illusionierend. In der »Beratung« arbeite ich mit den anderen an den gemeinsamen Zielen. Auch hier ist dann nicht so leicht eine Täuschung möglich. Durch die Gemeinsamkeit oder Arbeitsteiligkeit der Verantwortung weiß ich mich jedem einzelnen Kollegen real verbunden.

Blindes Vertrauen kann auf Täuschung über andere Menschen oder auch auf eigener Veranlagung beruhen. Beiden wird im dialogischen Prozess entgegengewirkt. Dies ist umso wichtiger, als sowohl in Arbeitsverhältnissen als auch Verbrauchern gegenüber üblicherweise Techniken angewandt werden, die ungedecktes Vertrauen erzeugen wollen – als Voraussetzung dafür, sich Vorteile zu sichern. Marketing-, Werbungs- und Verhandlungsanleitungen sind ebenso voll davon wie Ratgeber zu Führungsfragen.

Wer die vier Prozesse der dialogischen Führung pflegt, hat also zugleich das Vertrauen in der Zusammenarbeit gefördert. Besondere vertrauensbildende Maßnahmen erübrigen sich. Sie dienen ja ohnehin häufig nur dazu, Vertrauen vorzugaukeln, wo keines ist.

Die Menschen werden durch Gesinnugen vereinigt, durch Meinungen getrennt.

Johann Wolfgang von Goethe

Fähigkeitsbildung

Wird ernsthaft versucht, eine dialogische Führungskultur zu praktizieren, so zeigt sich schnell die Bedeutung individueller Fähigkeiten, und zwar in zweifacher Hinsicht – als Anforderung und als Förderung:

- Immer konkreter wird die Erfahrung, dass alles im Unternehmen auf das *Bewusstsein und die individuellen Fähigkeiten des einzelnen Mitarbeiters* ankommt. Was vorher im Prinzip klar war, wird jetzt bei jedem einzelnen Handgriff deutlich. Der »Faktor Mensch« tritt in seiner Bedeutung überhaupt erst richtig hervor.

- Der Einzelne erhält zugleich die *Chance zur Entwicklung.* Fähigkeiten treten hervor und werden ausgebildet, die vorher unentdeckt und unentwickelt blieben. Es ist weniger wichtig, welche Fähigkeiten der Einzelne jetzt und im Augenblick schon mitbringt. Wichtiger ist, was noch entwickelt werden kann, wenn man es fördert (das heißt fordert).

Die Fähigkeitsfrage ist zentral, da es bei der dialogischen Führung nicht einfach um »Maßnahmen« geht. Und sie hat außerdem – wie noch zu zeigen ist – eine allgemein-menschliche Tiefendimension. Auch an dieser Stelle geht es um den Menschen selbst. Durch einen dialogischen Führungsstil gewinnt der einzelne Mitarbeiter an Freiraum, während das Unternehmen als Ganzes seine Führungs- und Kreativitätsleistungen vervielfältigt.

Der individuelle Zugang zur Wirklichkeit bedeutet zugleich ein hohes Maß an Verantwortung. Sie wird in der dialogischen Führung einerseits vorausgesetzt und andererseits verstärkt. Jeder Fehler zum Beispiel fördert den Lernprozess und damit die Eigenständigkeit, wenn er erkannt und bearbeitet wird. Mit der Eigenständigkeit, die aus dem unmittelbaren Wirklichkeitsbezug entspringt, wächst zugleich die Verantwortung für das Ganze, sie geht über den eigenen Arbeitsplatz hinaus.

Was »Wirklichkeit« ist, weitet sich dabei erheblich aus. Es ist ein Unterschied, ob die »Wirklichkeit« meines Arbeitsplatzes sich auf meine unmittelbare Tätigkeit selbst beschränkt oder ob ich die ursprünglichen Aufgabenstellungen, an denen ich arbeite, mit in den Blick nehmen kann – vielleicht auch noch die Aufgabenstellungen meines Kollegen am Nachbartisch. Oder es gelingt mir sogar, das »Ganze« (das Unternehmen, die Abteilung und so weiter) mit allen Bezügen (Kunden, Lieferanten und so weiter) in meine unmittelbaren Entscheidungen einzubeziehen. Je größer mein Horizont, umso bedeutender meine Arbeits- und Führungsleistung.

Voraussetzung für eine solche Ausweitung des Blickes ist, nicht alles Erkennen und Handeln nur auf sich selbst zu beziehen: Ich tue das, weil es mir nützt. (Ein Spezialfall davon ist die erwähnte Fixierung auf Hierarchie: Ich tue das, weil der Vorgesetzte es will.) Vielmehr gilt es – wie schon erwähnt –, an die Stelle der üblichen Subjektorientierung eine Sachorientierung zu setzen: Ich tue das, weil die Sachlage es erfordert. Im Beratungsprozess kommt noch die Fähigkeit hinzu, sein Handeln an Ideen zu orientieren: Ich tue das, weil es das Ganze weiterbringt. Hier gilt es zugleich Abschied zu nehmen von der Annahme des homo oeconomicus, der Mensch sei von Natur aus eigennützig und faul und könne nur durch geschickte Motivation dazu veranlasst werden, etwas Sinnvolles zu tun. Einem sach- oder ideenorientierten Mitarbeiter gegenüber wären Motivationsmaßnahmen eine Beleidigung!

Wirklichkeitszugriff und Eigenständigkeit sind zentrale Leistungen unternehmerischen Handelns, die durch dialogische Führung in möglichst vielen Mitarbeitern geweckt werden können.

Dialogische Führung ruft dabei nicht vorgeprägte Maßnahmen ab, sondern weckt Bewusstsein, das den Einzelnen dazu befähigt, eigene Ideen einzubringen und selbst die richtigen Maßnahmen zu finden. Individuelles Handeln geschieht dann aus eigenem Antrieb – ein weiteres Merkmal des Unternehmerischen.

Und schließlich fordert und fördert dialogische Führung die Fähigkeit, Entwicklung zu denken, das heißt, nicht nur die gegenwärtige Situation analysieren zu können, sondern Zukunft zu gestalten. Führung rechnet mit demjenigen, was noch nicht da ist, was erst in Erscheinung treten soll.

So ergibt sich ein »Kreuz« von zentralen Führungsfähigkeiten, die durch dialogisches Vorgehen beim Einzelnen vorausgesetzt und in den dialogischen Prozessen selbst immer weiter ausgebildet und verstärkt werden (vgl. Abbildung 1). Dabei sind folgende Elemente zu beachten:

- Ideenfähigkeit
- Entwicklungsfähigkeit
- Initiativkraft
- Eigener Zugang zur Wirklichkeit

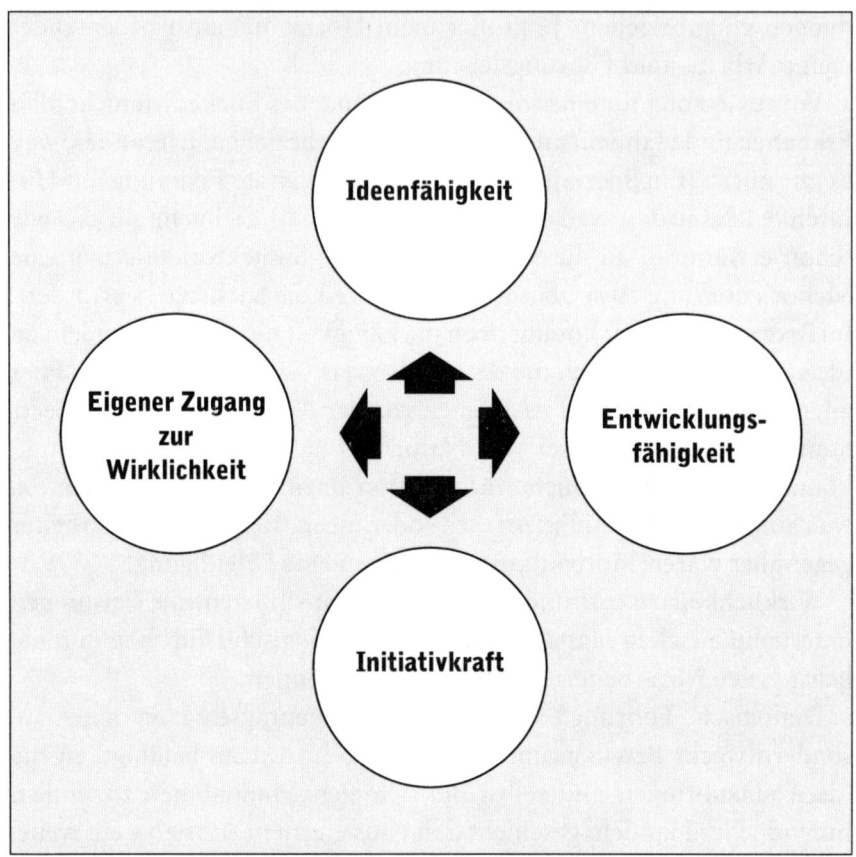

Abbildung 1: Das »Kreuz« zentraler Führungsfähigkeiten

Mit diesen Führungsfähigkeiten korrespondiert die Überwindung von *Grenzen*, an welche die Persönlichkeit des gegenwärtigen Menschen immer wieder stößt. Ich kann mir diese Grenzen auf folgende Art bewusst machen und dabei zugleich die seelischen Strategien kennen lernen, durch die ich mich innerhalb der Grenzen einrichte (vgl. Abbildung 2).

Führung ist daher zugleich immer auch Selbstführung: Arbeit an den Grenzen der eigenen Person.

Dialogische Führung bedeutet darüber hinaus, diese Fähigkeiten nicht nur selbst auszubilden, sondern auch den anderen Gelegenheit zur Selbstführung zu bieten. Es geht darum, das Unternehmerische

Abbildung 2: Grenzen der Persönlichkeit

nicht nur in sich selbst, sondern in (tendenziell) allen Mitarbeitern zu erwecken. Dies wird in Abbildung 3 dargestellt.

Dabei geht es nicht darum, anderen diese Fähigkeiten »beibringen« zu wollen. Das liefe auf Konditionierung oder Schlimmeres hinaus und würde gerade dasjenige verhindern, worauf es ankommt: die innere Autonomie. Persönlichkeitsentwicklung kann nur Anregungen und Übungsmöglichkeiten zur Selbstführung bieten. Entwickeln kann sich jeder nur selbst – und nur, wenn er es selbst will.

Dialogische Führung beruht auf Fähigkeitsbildung. Zugleich ist sie selber der Übungsrahmen, die Gelegenheit zur bewussten Ausbildung und Vertiefung dieser Fähigkeiten. Dieser Tatsache tragen auch die

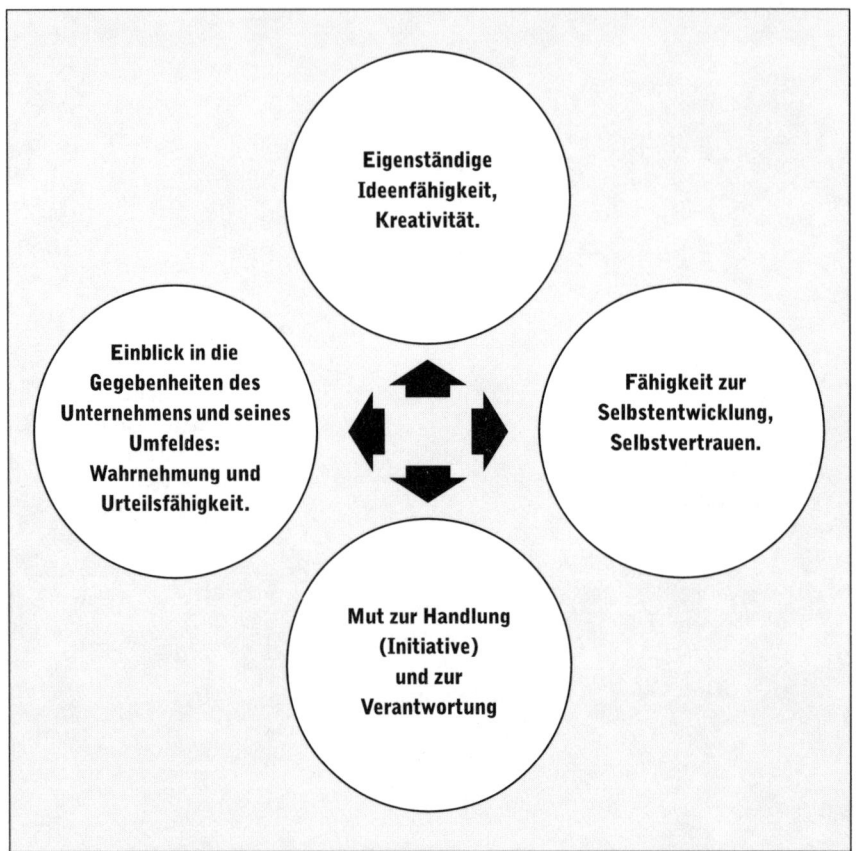

Abbildung 3: Anregung zur Selbstführung

oben beschriebenen fünf Haltungen des Dialogischen Rechnung. Sie können den vier Führungsfähigkeiten unmittelbar zugeordnet werden. In der Mitte erscheint dann die fünfte Haltung, die das Innerste der menschlichen Person betrifft, den Umgang mit dem eigenen Gefühlsleben. Dies wird in Abbildung 4 veranschaulicht.

Zum Geheimnis des Dialogischen gehört es dabei, dass in jedem Führungsprozess *alle* Beteiligten ihr Bewusstsein erweitern und ihre Fähigkeiten verstärken. Je besser eine dialogische Führungskultur gelingt, um so geringer wird der Unterschied zwischen Führen und Geführtwerden. Hierarchieebenen und ihre unterschiedlichen Kompetenzen erhalten mehr und mehr den Charakter von Arbeitsteilung: Die einen setzen

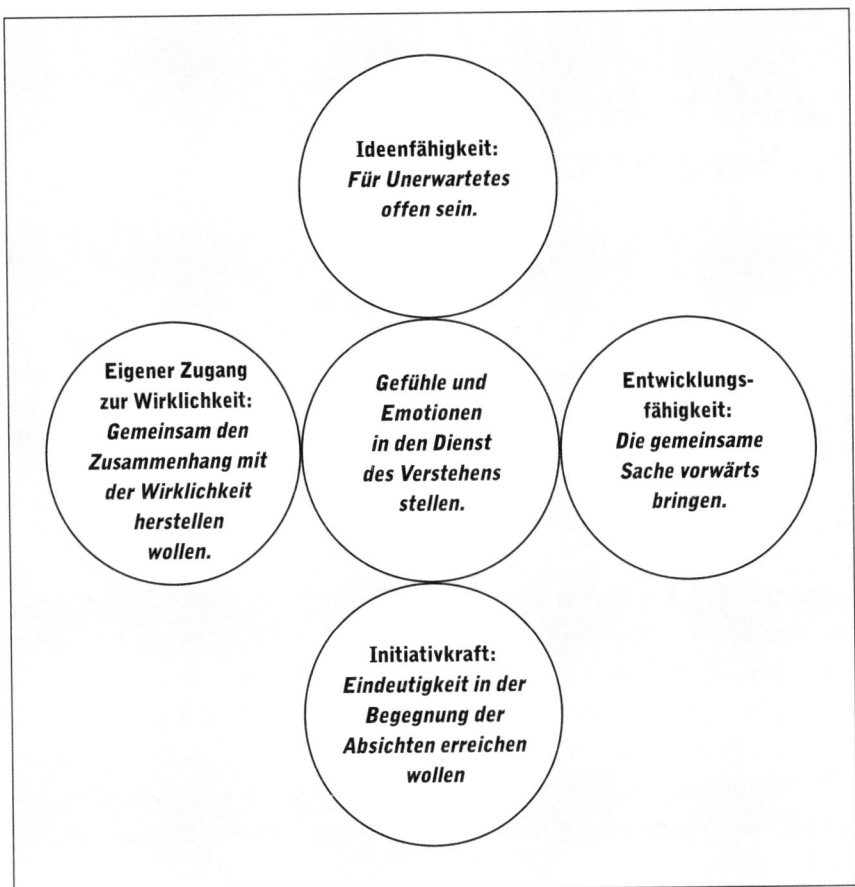

Abbildung 4: Die fünf Haltungen des Dialogischen

den Schwerpunkt ins Konzipieren, andere ins Ausgestalten und Vermitteln der Konzeptionen; und wieder andere sind mit ihren Fähigkeiten vor allem bei der Ausführung gefragt. Abgesehen davon, dass die Leistungsfähigkeit des Einzelnen dadurch gesteigert wird, verstärkt sich zugleich für ihn das Gefühl, Glied einer Arbeitsgemeinschaft zu sein.

Vierter Teil –
Ausblick: Der Individualismus als Sozialprinzip

> Gemeinschaft kommt nicht trotz
> der Individuen zu Stande,
> sondern durch sie.

Die Entdeckung des Individuums

In Bertolt Brechts *Leben des Galilei* gibt es eine ergreifende Szene: Im Auftrag und in Anwesenheit des Großherzogs von Toscana begutachten einige Professoren der Universität Galileis Fernrohr, durch das er die Jupitermonde entdeckt hat. Diese Monde sind winzige Details im Kosmos. Doch widerspricht ihre Existenz dem bis dahin gültigen Weltbild: Wenn es diese Monde gibt, dann gibt es keine Kristallschalen, an denen die Planeten sich bewegen. Deswegen ist die Entdeckung so umstürzend.

Die Herren bringen ihre Einwände vor. Sind Sterne möglich, die im Himmel keine Stütze haben? Sind solche Sterne nötig? Stören sie nicht die Harmonie des Himmels? Welche Gründe sollte es geben, freischwebende Sterne anzunehmen? »Nach der Ansicht der Alten sind Sterne nicht möglich, die um einen anderen Mittelpunkt als die Erde kreisen, noch solche Sterne, die im Himmel keine Stütze haben.«

Galilei lädt nur immer dazu ein, doch selbst durch das Fernrohr zu schauen und sich von der Wirklichkeit zu überzeugen. Doch gerade das tun die Herren nicht. Lieber insinuiert man, dass die Sterne, die Galilei zu sehen vorgibt, im Fernrohr stecken könnten und nicht am Himmel. Schließlich trennt man sich ergebnislos. Galilei musste in der Folge widerrufen, was jeder mit eigenen Augen hätte sehen können. Erst dreieinhalb Jahrhunderte später wurde der letzte Widerstand gegen seine

Entdeckung aufgegeben. Im Jahr 1979 wurde Galilei von Papst Johannes Paul II. rehabilitiert.

Könnte es sein, dass es auch heute solche Fernrohre gibt, durch die hindurchzuschauen man sich hartnäckig weigert? Und dass es allgemein akzeptierte Interpretationen gibt, die das, was man hier entdecken könnte, wegdiskutieren?

Galileis Revolution galt dem Blick in den physischen Kosmos. Im Laufe des 20. Jahrhunderts ist, lange vorbereitet, noch etwas anderes in den Vordergrund des Interesses getreten: die menschliche Persönlichkeit. Zunächst interessiert vor allem die *eigene* Person. Wie pflege ich mein Seelenleben, wie verstehe ich meine Biografie? Auf der anderen Seite wird zunehmend bemerkt, dass es da, wo Leistung gefragt ist, ohne die Förderung der Einzelpersönlichkeit nicht weitergeht. Hier bahnt sich eine grundlegende, der Galileischen vergleichbare Wende an. Gemeinschaftsleistungen kommen nicht dadurch zu Stande, dass man die einzelnen Menschen durch Gebote, Strukturen oder Regeln im Zaume hält, sondern durch eine weitgehende Entfaltung der individuellen Kräfte. Gemeinschaftsleistung entsteht durch individuelle Freiheit.[20] Viele sehen heute bereits, dass Gemeinschaft im traditionellen Sinne nicht mehr funktioniert, manche ahnen auch, dass eine fundamentale Neubesinnung nötig ist;[21] aber nur wenige gehen an ihre Verwirklichung. Wer so etwas einführen will, dem wird meist ohne nähere Prüfung entgegengehalten: Jeder weiß doch, dass das nicht geht. Wem bei dem Gedanken an das »Ich« vor allem die Trotzphase seiner Kinder einfällt, wird daraus natürlich keine Gemeinschaftsfähigkeit ableiten wollen. Aber was hat er denn vom »Ich« wirklich gesehen?

Es ist hier ähnlich wie in Brechts *Leben des Galilei*: Das Fernrohr ist aufgestellt – aber nur wenige schauen durch. Statt den Blick auf die menschliche Individualität zu wagen, entwickelt man lieber Vermeidungsstrategien. Die eine besteht darin, alles Individuelle für selbstverständlich subjektiv zu erklären: Die Sterne sind im Fernrohr, nicht am Himmel. Eine vom Subjekt unabhängige, »objektive« Welt gibt es nicht, oder sie ist nicht erkennbar. Alles, was der Mensch denkt und tut, dient letztlich nur der eigenen Person. (Auf das heute besonders in der Wirtschaft vorherrschende Bild des unfreien Menschen war hingewiesen worden: siehe Seite 20 f.) Wissenschaftliche Methoden, Theorien und Systeme dienen der intelligenten Verbrämung dieses Sachverhalts. Der Mensch hat immer sich selbst zum Ziel, selbst wenn er es gar nicht merken sollte. Die andere, ebenso groß angelegte und wirksam gewordene Ablenkungsstrategie von der Individualität des Menschen besteht darin, ihn zu benutzen, ohne ihn ernst zu nehmen. Konditionierung (Lernmethoden, Psychotraining, Motivation und so weiter) und Manipulation (Marketing, Werbung, Wahlkämpfe et cetera) versuchen, die einzelne Person vorgegebenen Zwecken dienstbar zu machen. Alle rechnen heute mit der menschlichen Persönlichkeit – aber nur wenige nehmen sie ernst.

Statt des Fernrohrs hat man eigentlich eine Kanone aufgestellt, die auf die Individualität gerichtet ist. Freiheit, Menschenwürde und Selbstverantwortung liegen im Schussfeld. Und man braucht keineswegs in ferne Erdteile zu schauen, um dergleichen wahrzunehmen.

Die Suche nach der Individualität des Menschen ist keine theoretische. Sie berührt unser aller tägliches Leben. So wie es bei Galilei nicht um die Jupitermonde als solche ging, sondern um das gesamte Weltbild, so geht es auch jetzt nicht nur darum, dem einzelnen Menschen durch humanitäre Gesinnung zu Geltung und Würde zu verhelfen, sondern es geht auch darum, gegen herrschende Vorurteile die Bedeutung der Individualität für die Gesellschaft als Ganze zu erkennen. Wenn Zusammenarbeit nicht mehr auf vorgegebener Strukturierung und Delegation beruht, in der dem Einzelnen seine Stelle zugewiesen und abgegrenzt (oder von ihm erkämpft) ist, sondern wenn Zusammenarbeit bedeutet, aus individuellen Initiativen autonom zu kooperieren, dann gilt es, dafür die richtigen Prozesse zu entwickeln. Das gesamte Leben der Menschen verändert sich dadurch. Ob ich Impulse zum Handeln von außen erwarte oder meine Lebensziele in mir trage – dieser Unterschied mit allen seinen Folgen kann nicht groß genug gedacht werden.

Wer sich den Blick nicht durch Vorurteile vom determinierten Menschen verstellen lässt, für den zeigt sich im Alltag überall auch die Gelegenheit (und Wirklichkeit) eines individuellen Handelns, das diesen Namen wirklich verdient. Es zeigt sich, dass der Einzelne nicht notwendig in selbstbezogener Subjektivität verharren muss, sondern dass gerade die entfaltete Individualität die Gemeinschaftsbildung ermöglichen kann. Im vorliegenden Buch geht es darum, wie diese Anforderung im sozialen Leben gefördert werden kann. Was kann getan werden, um die Kräfte der Individualität für die Zusammenarbeit fruchtbar zu machen?

Zuletzt soll ein bewusstseinsgeschichtlicher Abriss auf die Bedeutung dieser Wende hinweisen.

Selbstverantwortung und Selbstführung statt Hierarchie

In der hierarchischen Führung nach dem Muster des alten Ägypten gehen alle Maßnahmen vom Pharao aus. Dieser hat den Überblick und trägt die Verantwortung. Seine Weisungen werden über die Verwaltungsebenen hinuntergereicht bis zur endgültigen Ausführung. Die Verwaltungsspitze bezieht ihre Legitimation von außerhalb. Der Pharao gilt als Gott.

Das hierarchische Prinzip gibt es bis heute. Die staatliche Bürokratie lebt davon; und auch in Unternehmen bleibt es im Hintergrund bestehen und ermöglicht im Ernstfall rasche Zugriffe. (An die Stelle der legitimierenden Götter sind inzwischen allerdings die Kapitaleigner – Shareholder – getreten.)

Die geistige Produktivität der Unternehmensführung hängt jedoch – im Unterschied zum alten Ägypten – nicht mehr unmittelbar mit der hierarchischen Führung zusammen. Das Unternehmensgeschehen als solches wird immer mehr durch andere, partizipatorische Führungsformen bestimmt.

Die klassische Antike gilt als Geburtsstätte der Demokratie. Nachdem die auch in Griechenland ursprünglich herrschenden Könige ihren Aufgaben nicht mehr gewachsen waren – dies beschreibt schon Hesiod um 700 v. Chr. –, tritt an die Stelle des Einzelnen die Gruppe, die ihre Legitimation der Wahl durch alle freien Bürger verdankt. In der Gruppe werden einzelne Menschen mit einzelnen Aufgaben betraut, ohne Rücksicht auf ihre Herkunft. Prinzipiell ist jeder dazu veranlagt, Leistungen zu erbringen, die vorher nur für Einzelne, Vorbestimmte in Betracht kamen. An die Stelle der Autorität des *Einen* tritt nun die Berechtigung, an die Stelle der persönlichen Weisung die soziale Struktur. Das Prinzip der Gleichheit durchzieht diese Sozialform. Es durchzieht sie sogar so sehr, dass man einzelne Menschen aus dem Gemeinwesen entfernt hat, die aufgrund ihrer (gegebenenfalls durchaus positiven) Leistung für das Gemeinwesen aus der Masse der Mitbürger herauszuragen drohten. Das »Scherbengericht« (ostrakismos) konnte angesehene und besonders leistungsfähige Mitbürger aus Furcht vor Ungleichheit des Landes verweisen.

Der Pferdefuß des demokratischen Prinzips zeigte sich von Anfang an und scheint bis heute nicht recht überwindbar: Zu besonderen Leistungen lädt diese Sozialform nicht ein. Das eigentlich effektive Handeln geschieht nicht durch das Parlament, sondern durch die hierarchisch geführte Regierung. Deren demokratisch durchgeführte Wahl dient nur der Legitimation.

Gegenüber der uralten Hierarchie bedeutete die Demokratie jedoch zweifellos einen Fortschritt: Eine Satzung, für alle einsehbar und später auch von allen beeinflussbar, schreibt die Grundlagen des Zusammenlebens fest. Einzelne können Aufgaben übernehmen (Delegation), viele können sich an Wahrheits- oder Entscheidungsfragen beteiligen (Diskussion), und alle wirken bei der Entscheidungsfindung mit (Abstimmung).

Wie kann nun heute die demokratische Errungenschaft so weiterentwickelt werden, dass ihre Leistungsfeindlichkeit ebenso wie ihre hierarchischen Überreste überwunden werden? Wie kann der Einzelne von Gruppenzwängen befreit werden, um seine individuellen Fähigkeiten in den Dienst der Allgemeinheit zu stellen? Gibt es Möglichkeiten, den traditionell zementierten Gegensatz von »Ich« und »Wir« aufzulösen? Wie kann alles auf die Leistung der Individualität abgestellt und gerade *dadurch* das Wohl des Ganzen gefördert werden?

An Stelle der auf Zeit privilegierten Gruppen tritt dann der Einzelne. Er ist dazu aufgerufen, sein Bestes einzubringen. Wie aber entstehen dabei die *gemeinsamen* Leistungen, auf die es in der arbeitsteiligen Zivilisation mehr denn je ankommt? Wenn jeder Einzelne sich selbst, seine Fähigkeiten und nicht mehr nur seine gesellschaftliche Rolle einbringt, so nimmt die Vielfalt zu. Neue Regelungsprozesse werden notwendig. Zugleich aber vergrößert sich auch die Chance, Neues zu entwickeln. Jeder Einzelne bestimmt nun seine Rolle selbst. Er ist weder »von Gott gesandt« noch durch Beauftragung legitimiert.

Natürlich kann man dasjenige, was man als Beauftragung zu handhaben gewohnt war, für eine Übergangszeit so erweitern, dass schließlich die mit der Beauftragung verbundenen Begrenzungen unkenntlich werden und zuletzt sogar individuelle Freiheit ermöglichen. Von »Beauftragung« zu sprechen verliert dann jedoch seinen ursprünglichen Sinn. Und in Wirklichkeit geht es um das Umgekehrte: nicht um Beauftragung oder Delegation durch andere, sondern um selbstständig ergriffene Initiative.

Ist damit nun nicht der Willkür Tür und Tor geöffnet? Macht jetzt einfach jeder, was er will?

Voraussetzung des Individualismus ist eine Steigerung der Ichfähigkeit, heraus aus Isolation und Selbstbezogenheit, hin zu einer Integration mit der Welt. Damit aber verliert das Strukturdenken seine dominierende Funktion. Soziale Strukturen haben ihren Sinn darin, Freiräume zu schaffen und diese zugleich zu begrenzen. Initiatives Handeln würde jedoch durch vorgegebene Begrenzungen behindert. Wer geistige Produktivität und Initiative will, muss andere Formen der Zusammenarbeit suchen. Jeder muss nun seine Stelle selbst finden, sie wird ihm nicht mehr von höheren Instanzen verordnet. Und umgekehrt hängt die Gestaltung des Ganzen von jedem Einzelnen ab.

Im Zeitalter des Individualismus tritt an die Stelle von Strukturen die Gestaltung sozialer *Prozesse*. Was geschieht, geht von den Einzelnen aus, betrifft aber auch alle anderen »Einzelnen«, die ihrerseits initiativ tätig sind. Wie kommt da Gemeinsames zustande?

Geht man in Zukunft mehr und mehr von der Autonomie der einzelnen Menschen aus, so schließen sich diese zu gemeinsamer Leistung zusammen. An die Stelle der Delegation durch übergeordnete Stellen tritt die *Kooperation* autonomer Individualitäten und bewirkt eine viel stärkere Gemeinsamkeit als jene. Kooperation erfordert gegenüber der Delegation allerdings besondere Bereitschaft und besondere Befähigung.

Prozesse statt Strukturen: Das bedeutet Bewegung statt Aufenthalt, Wege statt Mauern. Der Ideen- und Tatenfluss gräbt sich sein eigenes Bett, statt in vorbetonierte Kanäle geleitet zu werden. Prozesse sind veränderungsfreundlich, ohne dass erst Festgefahrenes aufgeweicht werden muss. Sie ermöglichen Wechselwirkung und gemeinsames Lernen.

	Träger	Willensausü-bung	Prinzip des Zusammenwir-kens	Sozialform
Hierarchie	Der Eine Legitimation: Gott	Autorität	Verwaltung	Weisung
Demokratie	Die Gruppe Legitimation: die anderen (Wahl)	Abstimmung	Berechtigung Delegation	Strukturen
Individualismus	Jeder Einzelne Legitimation: ich selbst	Initiative	Vereinbarung Kooperation	Prozesse

Abbildung 5: Führungsprinzipien im Wandel

Man könnte vielleicht versucht sein, den Individualismus als Gegensatz zur Demokratie zu verstehen. In Wirklichkeit aber handelt es sich um eine Fortentwicklung der demokratischen Grundsätze, um eine Art Radikalisierung dessen, was die Demokratie gegenüber der Hierarchie bereits an Individualisierung gebracht hatte. Zum Beispiel: Nicht mehr die Gruppe (das Kollektiv) ist Träger des Geschehens, sondern jeder Einzelne. Abstimmung heißt, dass meine Meinung mit-zählt; Initiative heißt, dass meine Tat als solche zur Geltung kommt. Berechtigung heißt, dass jemand (eine Gruppe) das Ganze überblickt, in dessen Teilbereich ich arbeite; Kooperation heißt, dass mehrere, die je an ihrer Stelle Leistungen erbringen, zusammen das Ganze in den Blick nehmen, also von einer immer noch verbliebenen Fremdbestimmung zur Selbstbestimmung übergehen.

Hierarchie lebt durch den Willenszugriff weniger auf alle anderen; Individualismus erfordert den Willenszugriff jedes Einzelnen auf sich selbst. Strukturen wirken wie geronnene Prozesse. In ihnen sind soziale Gesetzmäßigkeiten ebenso wie durch Abstimmung legitimierte Willensrichtungen festgeschrieben. Sie legen Verfahren fest. Prozesse *sind* solche Verfahren, die aber nicht vorab definiert sind und ständig der geistesgegenwärtigen Gestaltung der Einzelnen bedürfen.

Einerseits also liegt zwischen Delegation und Initiative eine Wende, deren Ausmaß, wie oben dargelegt, nicht unterschätzt werden darf. Es ist die Wende hin zur geistigen Kraft des einzelnen Menschen als Träger der Zusammenarbeit. Andererseits vollendet diese Wende, was im Schritt von der Hierarchie zur Demokratie bereits veranlagt war. Individualismus ist zugleich die Vollendung der Demokratie.

Es sei angemerkt, dass es hier nur um den Aspekt der Arbeit, also des geistigen Lebens geht. Für andere Bereiche des sozialen Lebens gelten andere Gesichtspunkte, zum Beispiel die Gleichheit aller vor dem Gesetz oder die Bedürfnisbefriedigung. Für die Arbeit und ihren Kernbereich, die geistige Produktivität, gelten die vorliegenden Überlegungen unabhängig davon, in welcher Organisation die Arbeit geleistet wird, ob es sich um ein Wirtschaftsunternehmen, eine Behörde oder eine kulturelle Organisation handelt.

Kernaufgabe von »Führung« ist es, im Zeichen des Individualismus geistige Produktivität zu ermöglichen. Deren Voraussetzung ist die äußere und innere Selbstständigkeit. Man arbeitet dann nicht für andere oder für Geld, sondern findet in der Arbeit deren eigenen Sinn. Man funktioniert nicht für vorgegebene Ziele, sondern entwickelt seine Fähigkeiten. Und wer selbstständig zur Wirklichkeit steht, braucht keine Anweisungen mehr. Er sieht das Notwendige, Sinnvolle und Mögliche selbst.

Dies und nichts anderes ist hier mit »Individualismus« gemeint. In den totalitären Systemen des 20. Jahrhunderts galt Individualismus als Todsünde gegen das Volk (»du bist nichts, dein Volk ist alles«) beziehungsweise die Klasse (»die Partei hat immer Recht«). Aber das Misstrauen gegen den Individualismus ist bis heute nicht gewichen. So verwechselt man ihn mit Liberalismus (was dem Einzelnen nützt, nützt auch der Gemeinschaft) und versucht ihm neuerdings einen Kommunitarismus entgegenzusetzen, der gemeinschaftliche Werte hochzuhalten bestrebt ist. Dem hier gemeinten Individualismus sind jedoch die gemeinschaftlichen Werte inhärent, sie sind aus ihm entwickelt und werden durch ihn gewährleistet. Dieser Individualismus ist nicht antisozial und nicht egoistisch, vielmehr wird die soziale Kraft durch ihn erst

erzeugt. Im Zentrum der sozialen Kraft des Individualismus steht dasjenige, was hier als »Dialog« bezeichnet wird. Dialog meint weit mehr
als eine Verhaltens- oder Gesprächsform.

Das wurde in den vorangehenden Teilen des Buches auf die Praxis hin-
weisend dargelegt. In dieser Praxis des dialogischen Umgangs miteinander zeigt sich, dass der Einzelne darin Gelegenheit findet, durchaus
auch über die Grenzen des bloß Subjektiven hinauszukommen. Er hat
die Kraft, sich in diesem Prozess selbst zu orientieren und sich selbst
führen zu lernen.

Danksagung

Dialogische Führung verdankt wesentliche Anstöße all denjenigen Menschen, die uns mit ihren Fragen im Hinblick auf Zusammenarbeit und Führung konfrontiert haben. Sie haben uns immer wieder veranlasst, Antworten zu suchen, und diese Antworten auch verständlich zu formulieren. Daraus ist im Laufe vieler Jahre dasjenige geworden, was wir »dialogische Führung« nennen und in diesem Buch vorstellen.

Viel verdanken wir dabei den Chefs und Führungskräften derjenigen Unternehmen, die uns im Laufe der Zeit zu Seminaren eingeladen haben. In besonderem Maße gilt das für die vielen Mitarbeiter bei *dm-drogerie markt*, für die wir seit 1993 regelmäßig Seminare abhalten. Bei ihnen hat auch die Entstehung dieses Buches selbst reges Interesse und ideelle Unterstützung gefunden. Unser besonderer Dank gilt hier Götz W. Werner, dem Begründer und geschäftsführenden Gesellschafter des Unternehmens, der uns 1993 aufforderte, mit Führungskräften in seinem Unternehmen zu arbeiten. Diese Arbeit hat bis heute ständig zugenommen und immer wieder neue Aufgaben gestellt. Unser ausdrücklicher Dank gilt auch Erich Harsch, Rainer Kloeters, Erika Michel, Anja Reith, Klaus Vogelbacher und Helga Weiß. Viele weitere Teilnehmer an Seminaren und Workshops haben Anregungen für das Buch geliefert. Insbesondere wurde aus dem Kreis der Gebietsverantwortlichen manches Beispiel aus der Praxis beigesteuert. Wir waren immer wieder beeindruckt von dem Engagement, das der Weiterentwicklung der Unternehmenskultur im Ganzen, speziell aber auch der Entstehung dieses Buches entgegengebracht wurde.

Im Rahmen des 1978 von uns gegründeten Friedrich von Hardenberg Institut für Kulturwissenschaften wurden die Gedanken zur dialo-gischen Führung ausgearbeitet.[22] Ein zentraler Bestandteil der wissen-schaftlichen Arbeit an unserem Institut ist die Auseinandersetzung mit dem Werk Rudolf Steiners, dessen »Philosophie der Freiheit« insbeson-dere uns immer wieder Anstöße gegeben hat, auf den einzelnen Men-schen zuzugehen und mit seiner Eigenständigkeit zu rechnen.

Für geduldige und umsichtige Textgestaltung danken wir Rose-Mar-gret von Skerst im Hardenberg Institut. Die Wiedergabe des Tonband-protokolls des Gesprächs (Erster Teil) hat Susanne Scholl bei *dm-dro-gerie markt* in vorbildlicher Weise durchgeführt. Mit unseren Kollegen im Friedrich von Hardenberg Institut für Kulturwissenschaften in Hei-delberg konnten wir Aspekte dieses Buches immer wieder diskutieren. Insbesondere der Zusammenarbeit mit unserem Kollegen Rudy Van-dercruysse verdanken wir wichtige Anregungen.

Karl-Martin Dietz   Thomas Kracht

Anmerkungen

1 K.-M. Dietz, *Dialog. Die Kunst der Zusammenarbeit*, Heidelberg [2]2001.
2 Werner Kröber-Riel, *Konsumentenverhalten*, München 1992[5], S. 679.
3 Kai H. Matthiesen, *Kritik des Menschenbildes in der Betriebswirtschaftslehre. Auf dem Weg zu einer sozialökonomischen Betriebswirtschaftslehre*, Bern/ Stuttgart/Wien 1995, S. 109.
4 Bruno Tietz, *Marketing*, Düsseldorf 1993, S. 377 ff.
Bruno Tietz, *Der Handelsbetrieb*, München 1985, S. 961 ff.
Oswald Neuberger, *Führen und geführt werden*. Stuttgart 1995[5], S. 25 ff.
5 Reinhard K. Sprenger, *Mythos Motivation. Wege aus einer Sackgasse*, Frankfurt/New York 1992; ders., *Aufstand des Individuums. Warum wir Führung komplett neu denken müssen*, Frankfurt/New York 2000.
6 Peter M. Senge, *Die fünfte Disziplin* (1990), Stuttgart 1996.
7 Karl-Klaus Pullig, *Innovative Unternehmenskulturen*, Leonberg 2000.
8 Siehe Kaletta, Brigitte/Gerhard, Thorsten, »Innovation in Distribution und Handel: Die Wertbildungsrechnung bei dm-drogeriemarkt«, in: *Controller magazin*, 6/1998, S. 403–406 und Werner, Götz W., *Das Füreinander Leisten. Wirtschaft als Kultur-Übung*, in: GDI-Impuls, Sondernummer zur 50. Internationalen Handelstagung, 2000, S. 50.
9 Friedemann Schulz von Thun, *Miteinander reden 1*, Reinbek 1981, S. 13 f.
10 Karl-Martin Dietz, *Dialog. Die Kunst der Zusammenarbeit*, Heidelberg, [2]2001, S. 83 ff.
11 Näheres bei Karl-Martin Dietz, *Dialog. Die Kunst der Zusammenarbeit*, Heidelberg [2]2001, S. 83 ff.
12 Heinz Zimmermann, *Kreative Gemeinschaftsbildung heute*, Esslingen 1998, S. 37.
13 Beachtet werden muss: Es handelt sich bei diesem Beispiel nicht um die (aus der Logik des Dialogs sich verbietende) stillschweigende Umfunktionierung einer Empfehlung in eine Anweisung, sondern um die allgemein einsichtige Abänderung einer Führungsmaßnahme in einem klar definierten Bereich, in dem zur allgemeinen Erleichterung allgemein gültige Standards sinnvoller sind als individuelle Entscheidungen.

14 Gespräch mit James Levine, *Süddeutsche Zeitung* Nr. 203, 03.09.1999, S. 17.

15 Kai H. Matthiesen, *Kritik des Menschenbildes in der Betriebswirtschaftslehre. Auf dem Weg zu einer sozialökonomischen Betriebswirtschaftslehre*, Bern/Stuttgart/Wien 1995, S. 150.

16 Kai H. Matthiesen, a.a.O., S. 150.

17 Peter Sloterdijk, *Regeln für den Menschenpark*, Frankfurt/M. 1999.

18 Peter M. Senge, *Die fünfte Disziplin*, a.a.O., S. 288.

19 Bos, Lex, *Vertrauen Schenken. Soziale Aufbaukräfte*, Dornach 1998.

20 Karl-Martin Dietz, *Gemeinschaft durch Freiheit*, Stuttgart 1996.

21 Ulrich Beck, *Die feindlose Demokratie*, Stuttgart 1995.

22 Friedrich von Hardenberg Institut für Kulturwissenschaften, Hauptstraße 59, 69117 Heidelberg, Telefon 06221-2 84 85, Fax -2 16 40, www. hardenberginstitut.de

Literatur

Beck, Ulrich, *Die feindlose Demokratie*, Stuttgart 1995.

Bohm, David, *Der Dialog. Das offene Gespräch am Ende der Diskussionen* (1996), Stuttgart 1998.

Bos, Lex, *Vertrauen Schenken. Soziale Aufbaukräfte*, Dornach 1998.

Buber, Martin, *Begegnung. Autobiografische Fragmente*, Heidelberg 1986.

Buber, Martin, *Das dialogische Prinzip*, Gerlingen 1994[7].

Covey, Stephen R., *Die sieben Wege zur Effektivität* (1989), Frankfurt/New York 1997[8].

Crisand, Ekkehard, *Psychologie der Gesprächsführung* (1983), Heidelberg 1994[5].

Dietz, Karl-Martin, *Die Suche nach Wirklichkeit*, Stuttgart 1988.

Dietz, Karl-Martin, *Gemeinschaft durch Freiheit*, Stuttgart 1996.

Dietz, Karl-Martin, *Individualität im Zeitenschicksal*, Stuttgart 1994.

Dietz, Karl-Martin, »Selbstentwicklung – die neue Herausforderung im Wirtschaftsleben«, in: R. Benedikter (Hrsg.), *Wirtschaft und Kultur im Gespräch*, Bozen 1997, S. 94–111.

Dietz, Karl-Martin, »Dialog als Chance. Wie entsteht Vertrauen in der Zusammenarbeit?«, in: *Erziehungskunst*, Heft 7–8, Stuttgart 1999.

Dietz, Karl-Martin, *Die Wette um den Menschen – ihr vorläufiger Ausgang am Ende des 20. Jahrhundert*, Heidelberg 2000.

Dietz, Karl-Martin, »Handeln aus Initiative«, in: *die Drei*, Heft 3, Stuttgart 2000.

Dietz, Karl-Martin, *Freiheit oder Anpassung. Zur Aktualität des ethischen Individualismus*, Heidelberg 2001.

Dietz, Karl-Martin, *Dialog. Die Kunst der Zusammenarbeit*, Heidelberg 2001[2].

Dörge, Friedrich-Wilhelm, »Menschenbild und Institution in der Idee des Wirtschaftsliberalismus«, in: *Zur Ordnung von Wirtschaft und Gesellschaft, Festschrift E. Heimann*, Tübingen 1959, S. 82 ff.

Ellinor, Linda u. Gerard, Glenna, *Der Dialog im Unternehmen. Inspiration, Kreativität, Verantwortung*, Stuttgart 2000.

Gehlen, Arnold, *Der Mensch. Seine Natur und seine Stellung in der Welt* (1940), Wiesbaden 1986[13].

Glasl, Friedrich u. Lievegoed, Bernard, *Dynamische Unternehmensentwicklung. Wie Pionierbetriebe und Bürokratien zu schlanken Unternehmen werden*, Bern und Stuttgart 1993.

Goebel, Johannes u. Clemont, Christoph, *Die Tugend der Orientierungslosigkeit*, Berlin 1997.

Hartkemeyer, Martina & Johannes u. Dhority, L. Freeman, *Miteinander Denken. Das Geheimnis des Dialogs*, Stuttgart 1999[2].

Kaletta, Brigitte u. Gerhard, Thorsten, »Innovation in Distribution und Handel: Die Wertbildungsrechnung bei dm-drogerie markt«, in: *Controller magazin*, Heft 6, 1998, S. 403–406.

Kracht, Thomas, »Praktische Ausbildung des Denkens«, in: *Wege des Denkens*, Konturen Band 7, Stuttgart 1996, S. 57–77.

Kröber-Riel, Werner, *Konsumentenverhalten*, 5. Auflage, München 1992[5].

Levine, James: »Gespräch mit James Levine«, *Süddeutsche Zeitung* Nr. 203, 03.09.1999, S. 17.

Matthiesen, Kai H., *Kritik des Menschenbildes in der Betriebswirtschaftslehre. Auf dem Weg zu einer sozialökonomischen Betriebswirtschaftslehre*, Bern/Stuttgart/Wien 1995.

Neuberger, Oswald, *Führen und geführt werden*. Stuttgart 1995[5].

Pullig, Karl-Klaus, *Innovative Unternehmenskulturen*. Zwölf Fallstudien zeitgemäßer Sozialordnungen, Leonberg 2000.

Rogers, Carl R., *Entwicklung der Persönlichkeit. Psychotherapie aus der Sicht eines Therapeuten* (1961), Stuttgart 1991.

Sauer, Angelika (Hrsg.), *Betriebskultur. Führen im Dialog*, Heidelberg 1989.

Scharmer, Claus Otto, *Reflexive Modernisierung des Kapitalismus als Revolution von innen*, Stuttgart 1996.

Schulz von Thun, Friedemann, *Miteinander reden 1*, Reinbek 1981.

Senge, Peter M., *Die fünfte Disziplin* (1990), Stuttgart 1996.

Sloterdijk, Peter, *Regeln für den Menschenpark*, Frankfurt/M. 1999.

Sprenger, Reinhard K., *Mythos Motivation. Wege aus einer Sackgasse*, Frankfurt/New York 1992[2].

Sprenger, Reinhard K., *Das Prinzip Selbstverantwortung. Wege zur Motivation*. Frankfurt/New York 1995[2].

Sprenger, Reinhard K., *Aufstand des Individuums. Warum wir Führung komplett neu denken müssen*, Frankfurt/New York 2000.

Stroebe, Rainer W., *Kommunikation II. Verhalten und Techniken in Besprechungen*, Heidelberg 1995[6].

ten Siethoff, Hellmuth: *Mehr Erfolg durch soziales Handeln. Gesprächsführung, Konfliktlösung, Gemeinschaftsbildung in Alltag und Beruf*, Stuttgart 1997[2].

Tietz, Bruno, *Der Handelsbetrieb*, München 1985.

Tietz, Bruno, *Marketing*, Düsseldorf 1993.

Werner, Götz W., »Das Füreinander Leisten. Wirtschaft als Kultur-Übung«, in: *GDI-Impuls*, Sondernummer 2000.

Zimmermann, Heinz, *Kreative Gemeinschaftsbildung heute*, Esslingen 1998.

Zimmermann, Heinz, *Sprechen, Zuhören, Verstehen in Erkenntnis- und Entscheidungsprozessen*, Stuttgart 1992[3].